Carolin Philipps

CÄSARS STREBERLADEN

Mit Illustrationen von Petra Dorkenwald

Hase und Igel®

Für Lehrkräfte gibt es zu diesem Buch
ausführliches Begleitmaterial beim Hase und Igel Verlag.

MIX
Papier | Fördert
gute Waldnutzung
FSC® C083411

Originalausgabe

www.hase-und-igel.de
Druck: CPI – Ebner & Spiegel, Ulm

ISBN 978-3-86760-045-3
6. Auflage 2023

1. Kapitel

Als Julius an diesem Wintermorgen die Klasse 8b betrat, herrschte das übliche Chaos. Es wurde gelärmt und gelacht, zwei Mitschüler prügelten sich, der Tafelschwamm flog durch die Luft, landete mit einem satten Platsch an der Wand und hinterließ einen dunklen Fleck.

Sobald die Klassenkameraden Julius entdeckten, stand er im Mittelpunkt des Interesses: „Da kommt ja unser Streber!“, schrie Stefan. „Wie immer pünktlich, sauber gekleidet und die Tasche gefüllt mit Hausaufgaben! Zeig mal her!“

So war es fast immer. Dabei hatte er ihnen nichts getan, abgesehen davon, dass er regelmäßig seine Hausaufgaben machte und meistens die besten Arbeiten der Klasse schrieb. Aber das reichte völlig aus. Vor allem Stefan, der Klassensprecher, hatte ihn vom ersten Tag an nicht ausstehen können und ließ keine Gelegenheit aus, ihn niederzumachen.

Mit einem Ruck entriss Stefan Julius die Schultasche und öffnete sie. Ein Heft nach dem anderen zog er heraus und reichte es dann weiter. Die Hefte wanderten durch die Klasse, fielen auf den Boden und wurden durch die Luft geworfen – bis sie wieder bei Stefan landeten.

Julius stand die ganze Zeit schweigend da und rührte sich nicht. Er hatte inzwischen gelernt, dass alles nur noch schlimmer wurde, wenn er sich wehrte. Es war besser, einfach abzuwarten, bis es vorüber war.

„Was haben wir denn hier? Das Geschichtsheft, das Englischheft und das Matheheft.“

Ein Heft nach dem anderen hob er in die Höhe. „Gut gemacht, Julius. Nichts vergessen! Braver Streber: Wir können uns mal wieder ein Beispiel an dir nehmen.“ Die Klasse lachte. Stefan gab Julius die Hefte zurück. Dann drehte er sich zu seinen Freunden um und hob die rechte Hand.

Auf sein Kommando fingen alle an zu singen:

„Streberschwein, du Streberschwein,
wir möchten auch so super sein!
Mathe, Deutsch und alle Fächer,
lernst du brav und wirst nicht schwächer!“

Die letzte Zeile ging in lautem Gegröle unter. Julius verzog keine Miene. Er ging durch die Reihen seiner Mitschüler, vorbei an grinsenden Gesichtern, an Händen, die an seiner Jacke zupften, und stieg über ausgestreckte Beine, die ihn zu Fall bringen sollten. Er setzte sich ganz hinten auf seinen Platz neben Pit und öffnete seine Tasche, ohne ein einziges Mal aufzuschauen. Dann holte er sein Geschichtsbuch, sein Heft und seine Federmappe heraus und stapelte alles ordentlich auf dem Tisch. Er spürte, dass Stefan und seine Freunde jeden seiner Handgriffe beobachteten. Schließlich schlug er sein Geschichtsheft auf und tat so, als lese er durch, was er in der letzten Stunde aufgeschrieben hatte.

„Seht mal, unser Streber lernt schon wieder. Da wird sich Frau Schneider aber freuen!“ – „Musterschüler!“ – „Lehrerliebling!“ Der nasse Schwamm flog haarscharf an Julius’ Kopf vorbei und klatschte gegen die Wand hinter ihm. Ein paar Wassertropfen spritzten auf sein Heft.

„Oh, das tut mir aber leid. Das schöne, saubere Heft! Was wird Frau Schneider da bloß sagen?“ Maik, der den Schwamm geworfen hatte, hob ihn mit spöttischem Grinsen auf. Wieder verzog Julius keine Miene. Ob Worte oder nasse Schwämme, er tat so, als ob das alles an ihm abprallen würde. Längst hatte er erkannt, dass seine Mitschüler sowieso nicht aufhörten ihn zu ärgern, egal, wie er reagierte. Das Einzige, was in solchen Momenten half, war wegzuhören und sich in den Büchern zu vergraben, obwohl genau das wieder neue Schikanen hervorrufen konnte.

Viel lieber hätte sich Julius mit den anderen unterhalten, Verabredungen für den Nachmittag getroffen oder über die Fernsehsendungen vom Vorabend gesprochen, aber keiner wollte etwas mit ihm zu tun haben. Sie hatten ihm die Rolle des ehrgeizigen Strebers zugeteilt, ohne ihn wirklich zu kennen. Aber was konnte er denn dafür, dass ihm das Lernen leichter fiel als den meisten aus der Klasse? Wenn er im Unterricht eine Frage stellte, dann nicht, weil er sich bei den Lehrern einschleimen wollte, sondern weil ihn die Antwort wirklich interessierte. Seit er sprechen konnte, so behauptete seine Mutter, war er ein wandelndes Fragezeichen. Später, wenn sie seine Fragen nicht beantworten konnte oder wollte, drückte sie ihm einfach ein Lexikon oder ein Sachbuch in die Hand, damit er die Antworten selbst finden konnte.

Als Frau Schneider, die Geschichtslehrerin, an diesem Morgen die Klasse betrat, war Julius mal wieder der Einzige, der auf die Stunde vorbereitet war. Erst viele Minuten und Ermahnungen später hatte auch der Rest der Klasse seine Bücher und Hefte ausgepackt.

Frau Schneider schaute ihre Schüler kopfschüttelnd an. „Jetzt haben wir schon wieder so viel kostbare Zeit verloren. Warum nehmt ihr euch kein Beispiel an Julius? Er ist offenbar der Einzige, der etwas lernen möchte."

„Streber!", zischte es böse quer durch die Klasse. Erst flüsternd, doch dann immer lauter und lauter, bis schließlich ein ganzer Chor daraus wurde: „Streber! STREBER ...!"

Frau Schneider hob hilflos die Hände. „Hört sofort auf! Ruhe jetzt!" Aber gegen Stefan, der von seinem Platz aus die Schlachtrufe mit beiden Händen dirigierte, kam sie nicht an.

Es dauerte eine Weile, die Julius endlos vorkam, bis der letzte „Streber!"-Ruf verhallt war. Frau Schneider schrieb unterdessen erbost besonders laute Schüler ins Klassenbuch ein, was aber niemanden beeindruckte.

Kaum war einigermaßen Ruhe eingekehrt, fiel Julius' Federmappe mit einem lauten Knall auf den Boden. Bleistifte, Kugelschreiber, Radiergummis, ein paar Cent – alles rollte auf dem Boden herum und verteilte sich unter den Tischen und Stühlen. „Tut mir echt leid", sagte Pit mit einem Grinsen. „Ich muss aus Versehen dagegen gekommen sein."

Julius bückte sich, ohne eine Miene zu verziehen, um seine Sachen wieder einzusammeln. Er glaubte Pit kein Wort, denn der saß nicht freiwillig neben ihm. Erst vor drei Tagen war er von seinem Freund Bernd weggesetzt worden, weil die beiden ständig den Unterricht gestört hatten.

Als Nina sich herunterbeugte, um Julius zu helfen und den Kugelschreiber, der unter ihrem Stuhl lag, aufzuheben, zischte Stefan: „Finger weg!", und stieß mit seinem Fuß dagegen, sodass der Stift ein Stück weiter wegrutschte. Nina schaute ihn böse an, traute sich aber nicht aufzustehen und den Stift doch noch zu holen. So krabbelte Julius weiter allein auf dem Boden herum, wobei er so manchen heimlichen Fußtritt abbekam.

Auch an solche Schikanen hatte er sich mit der Zeit gewöhnt. Das alles gehörte zu seinem Leben – wie das Frühstück am Morgen, das Zähneputzen und die täglichen Hausaufgaben.

2. Kapitel

„Julius, lies doch mal deine Antwort vor. Julius, wo bist du?“ Frau Schneider schien erst jetzt zu bemerken, dass er nicht auf seinem Platz saß.

„Hier!“ Julius, der immer noch auf dem Boden hockte, hob den Kopf, knallte dabei gegen einen Tisch und schrie vor Schmerz auf. Die Klasse grölte. Mit rotem Gesicht stand Julius auf und setzte sich, von Frau Schneider kopfschüttelnd beobachtet, wieder auf seinen Platz.

„Also, wo bleibt jetzt deine Antwort?“

Julius schaute seine Lehrerin hilflos an. Er wusste überhaupt nicht, von welcher Aufgabe Frau Schneider sprach, und bemerkte in diesem Moment, dass sein Geschichtsheft nicht mehr dort lag, wo er es noch vor wenigen Minuten aufgeschlagen liegen gelassen hatte.

„Was ist los mit dir? Hast du die Hausausgaben nicht gemacht?“, fragte Frau Schneider nicht mehr ganz so freundlich.

Julius starrte immer verwirrter vor sich hin. „Mein Heft … Es ist … weg.“

„Er hat sein Heft vergessen!“, schrie Bernd hämisch.

„Es war gerade noch da! Ich …“

„Ja klar! Das würde ich jetzt auch sagen. Du glaubst doch nicht etwa, einer von uns hätte dein Heft geklaut?“, fragte Bernd mit zuckersüßer Stimme.

Genau das glaubte Julius, aber er traute sich nicht, es laut zu sagen.

„Unser Streber hat die Aufgaben nicht gemacht!“, rief Stefan. „Er will es nur nicht zugeben!“ Wie auf Kommando stimmten seine Freunde das Lied vom Streberschwein an. Stefan dirigierte den Chor.

„Kinder, Kinder!“ Frau Schneider fuchtelte mit den Händen durch die Luft. „Was soll das? Jetzt lasst den armen Julius doch in Ruhe! Das ist das erste Mal in diesem Schuljahr, dass er seine Aufgaben nicht gemacht hat.“

„Kriegt er nun auch ’ne Sechs?“, wollte Pit wissen.

„Natürlich kriegt er eine! Ist doch so, oder?“ Das war wieder Stefan, der es offenbar nicht erwarten konnte, dass Julius auch einmal eine schlechte Note bekam.

„Na ja, eine Sechs wäre ein bisschen hart“, meinte Frau Schneider und zückte ihr rotes Buch. „Aber enttäuscht bin ich schon, Julius. Gibt es einen Grund, warum du die Aufgabe nicht gemacht hast? Warst du gestern krank?“

„Das ist unfair. Bei mir fragt auch keiner, ob ich krank war!“, schrie Bernd wütend dazwischen, noch ehe Julius antworten konnte.

„Bei dir ist das auch ganz was anderes! Du vergisst deine Aufgaben jeden zweiten Tag. – Also, was war gestern los, Julius? Warst du nun krank oder nicht?“ Frau Schneider wurde immer ungeduldiger.

„Nein, war ich nicht. Und eigentlich habe ich meine Aufgaben gemacht. Ich …“

„… hab sie nur zu Hause vergessen! Sag ich auch immer“, unterbrach ihn Maik. Alle fingen an zu lachen.

„Kriegt er nun eine Sechs oder nicht? Ich hab auch gleich beim ersten Mal eine gekriegt!“, fing Pit wieder an.

„Die Noten gebe immer noch ich!“, versetzte Frau Schneider, die hilflos versuchte, wieder etwas Ordnung in das entstandene Chaos zu bringen. „Und jetzt Ruhe! Sonst lass ich euch alle nachsitzen! Stefan, mach weiter.“

Böse Blicke trafen Julius, der immer noch mit rotem Kopf dasaß. Plötzlich bemerkte er, dass sein Geschichtsheft wie durch Zauberei wieder vor ihm auf dem Tisch lag. Natürlich hatte er die Aufgabe gemacht und hätte zum Beweis nur die richtige Seite aufschlagen müssen, aber nicht einmal das traute er sich. Ob Frau Schneider ihm tatsächlich eine Sechs geben würde? Wahrscheinlich nicht, denn es war ja wirklich das erste Mal, dass er seine Hausaufgaben nicht vorweisen konnte.

‚Vielleicht sollte ich Frau Schneider bitten, mir eine Sechs zu geben', überlegte Julius. ‚Und das sage ich dann den anderen. Vielleicht ist es gut, wenn ich auch einmal eine Sechs bekomme. Dann gehöre ich ein bisschen dazu und bin nicht mehr so ganz der Außenseiter.'

Ungeduldig wartete Julius auf das Ende der Stunde. Niemals hätte er sich träumen lassen, dass er eines Tages einen Lehrer bitten würde, ihm eine Sechs zu geben. Aber er hätte auch nie gedacht, wie furchtbar es in der Schule sein konnte, wenn man lauter gute Noten bekam.

Vielleicht wäre sein Plan wirklich aufgegangen, wenn Frau Schneider es an diesem Tag nicht so eilig gehabt hätte, die Klasse zu verlassen. Als Julius gleich nach dem Klingeln zu ihr nach vorn ging, klopfte sie ihm nur schnell beruhigend auf die Schulter und sagte: „Ich muss jetzt los. Aber wegen deiner Note mach dir keine Sorgen. Jeder kann mal was vergessen."

„Aber ich will, dass Sie mir eine Sechs geben", sagte Julius. „Das ist sonst nicht fair den anderen gegenüber."

Frau Schneider schaute ihn überrascht an. „Das ist sehr lieb von dir. Aber was fair ist, kann ich noch immer gut allein entscheiden. Mach deine Hausaufgaben so wie bisher und dann vergessen wir die heutige Stunde." Sie tätschelte ihm freundlich den Arm, verabschiedete sich kurz und eilte aus der Klasse.

Leider hatten die anderen Frau Schneiders Worte mitbekommen.

„Schleimer!"

„Jeder kann mal was vergessen", äffte Stefan Frau Schneiders Stimme nach und hob seine Hand. Julius wusste, was jetzt kam.

„Streberschwein, du Streberschwein,
willst gern Lehrers Liebling sein.
Streberschwein, du Streberschwein,
damit stehst du ganz allein!"

„Aber ich wollte sie wirklich bitten …", fing Julius an, als der Chor mit dem Singen fertig war.

„… dir eine Sechs zu geben?" Stefan lachte höhnisch. „Unser Streber bittet um eine Sechs." Das Gelächter verfolgte Julius, als er auf den Gang hinausrannte. Er lehnte sich an die Wand und blieb mit gesenktem Kopf draußen stehen, bis Herr Mayer, der Mathelehrer, kam.

„Bist du krank, Julius?", fragte der Lehrer besorgt, als er ihn sah. „Du siehst ziemlich blass aus."

Julius schüttelte wortlos den Kopf. Er murmelte etwas von starken Kopfschmerzen und ging dann langsam hinter dem Lehrer in die Klasse zurück.

„Jetzt werden erst mal alle Fenster geöffnet. Wir brauchen frische Luft zum Arbeiten. Sonst kriegt ihr noch alle Kopfschmerzen wie Julius", sagte Herr Mayer, während er seine Tasche mit Schwung auf das Pult stellte.

„Julius, der alte Schleimer, hat Kopfschmerzen, weil Frau Schneider ihm keine Sechs geben wollte!", rief Bernd.

Die Klasse fing wieder an zu lachen. Pit bekam sogar einen Lachkrampf und konnte sich auch nicht beruhigen, als Herr Mayer zunehmend verärgert für Ruhe sorgen wollte. Er wurde vor die Tür geschickt.

Julius saß die ganze Zeit wie betäubt auf seinem Platz und wünschte sich, er wäre gar nicht wieder in die Klasse zurückgegangen. Für den Rest des Tages würden sie über ihn lachen und ihn, was noch schlimmer war, als Schleimer beschimpfen. Und so stellte er seine Ohren auf Durchzug und träumte sich weit weg, wie er es immer machte, wenn er all das nicht mehr ertragen konnte.

3. Kapitel

Als Julius mittags die Haustür aufschloss, war es still in der Wohnung. Es war niemand da, der ihn begrüßte, und niemand, der danach fragte, was er in der Schule erlebt hatte.

Wie gewohnt ging Julius in die Küche und stellte einen Kochtopf mit Wasser auf die Herdplatte. Er blieb am Herd stehen, wartete, bis das Wasser anfing zu kochen, und beobachtete, wie sich auf dem Boden des Topfes kleine Wasserblasen bildeten, die nach oben schwammen und dann eine nach der anderen zerplatzten. So, wie in der letzten Zeit seine Träume zerplatzt waren, einer nach dem anderen …

Manchmal wünschte er, er wäre vor einem Jahr nicht nach Deutschland zurückgekommen, sondern in Kanada geblieben. Sein Vater, der für eine große Ingenieursfirma arbeitete, war für zwei Jahre dorthin geschickt worden. Die ganze Familie, zu der neben Julius und seiner Mutter auch noch seine kleine Schwester Maren gehörte, hatte daraufhin in Deutschland die Zelte abgebrochen und ihn begleitet.

Während dieser zwei Jahre war Julius in Kanada zur Schule gegangen. Wenn er dort eine gute Note geschrieben hatte, war er nicht von den anderen fertiggemacht worden. Im Gegenteil! Alle freuten sich mit ihm – so wie er sich freute, wenn ein anderer gute Leistungen brachte. Es gab regelmäßig Wettbewerbe zwischen den verschiedenen Klassen: im Lesen, in Mathe, im Sport, in fast allen Fächern. Die Namen der Gewinner wurden für jedermann sichtbar in der Eingangshalle ausgehängt und es gab Preise für die Schülerinnen und Schüler mit den besten Noten der Klasse oder sogar der ganzen Schule. Bei der morgendlichen Versammlung vor dem Unterricht las der Direktor unter dem Applaus der anderen Schüler die Namen der Klassen- und Schulbesten vor. Auch Julius' Name erschien häufig auf einer der Listen, zum Beispiel in Mathe oder Physik, wo es keine so große Rolle spielte, dass er die englische Sprache am Anfang nicht so gut beherrschte.

Eine der wichtigsten Erfahrungen, die Julius aus dieser Zeit an der kanadischen Schule mitnahm, war die, dass es einfach cool war, zu den Besten zu gehören. Und dann war er zurück nach Deutschland gekommen, mitten im Schuljahr, in die 7. Klasse der Realschule. Viele seiner alten Freunde gingen aufs Gymnasium und genau dorthin wäre er auch gerne gegangen, aber die Eltern hatten Sorge, dass er nach zwei Jahren Kanada überfordert gewesen wäre. Zuerst einmal mussten sie alle wieder in der alten Heimat Fuß fassen.

„Julius Cäsar, der Eroberer!", hatte Stefan gleich in der ersten Stunde quer durch die Klasse gerufen, als Frau Bungert, die Klassenlehrerin, seinen Namen vorlas. Alle hatten gelacht und Julius war rot geworden. Seinen ersten Schultag an der neuen Schule hatte er sich anders vorgestellt.

Was konnte er dafür, dass alle bei seinem Namen gleich an den römischen Feldherrn dachten, der vor über 2000 Jahren Europa erobert hatte? Dabei war die Erklärung ganz einfach: Sein Großvater hieß Julius und die Tradition in der Familie seines Vaters wollte es, dass der Enkel nach dem Großvater benannt wurde. „Cesar" hatten sie ihn schon in Kanada genannt, weil das leichter auszusprechen war. Und „Cäsar" würde er wohl auch hier in der Klasse bleiben. Dabei sah er gar nicht wie ein Feldherr aus. Er war weder groß noch kräftig und niemand glaubte bei seinem Anblick, dass er auch nur einen einzigen Gegner mit den Fäusten besiegen könnte. Zu seinem Ärger war Julius ziemlich klein geraten, und obwohl seine Mutter behauptete, dass er bestimmt noch 1,80 Meter groß werden würde, glaubte Julius ihr nicht. Man konnte ihn als eher dünn bezeichnen und seine Armmuskeln musste man mit der Lupe suchen.

„Armmuskeln hat doch jeder", meinte die Mutter tröstend. „Du hast deine Stärken eben im Kopf. Im Denken bist du besser als die meisten anderen."

Julius wäre aber lieber im Fußball stärker gewesen oder beim Barrenturnen, zumindest so stark, dass ihn die anderen Jungen nicht auslachten. So wie Stefan und seine Freunde, die sich von Anfang an über ihn lustig gemacht hatten.

„Na, Cäsar, wen willst du hier erobern? Die Mädchen oder die Lehrer?", hatte Stefan gefragt und sich halb totgelacht, als Julius einen roten Kopf bekommen und nicht mehr gewusst hatte, was er sagen sollte.

Dass Julius es weniger auf die Mädchen als auf die Lehrer abgesehen hatte, meinte Stefan schon nach ein paar Wochen herausgefunden zu haben, als sich herausstellte, dass Julius fast nur gute Noten bekam. Von da an beschimpfte er Julius bei jeder Gelegenheit als „Streber", „Schleimer" oder „Lehrerliebling".

Für Julius war es eine ganz neue Erfahrung, dass eine gute Note auf einmal etwas war, das man besser vor seinen Mitschülern versteckte, etwas, für das man sich schämen musste und wofür man mit Schimpfwörtern belegt wurde. Dabei wollte Julius weder schleimen noch die anderen in den Schatten stellen. Es fiel ihm eben leicht zu lernen und sich etwas zu merken. Er war nicht einmal besonders ehrgeizig und lernte nicht um der guten Noten willen, sondern weil ihn viele Dinge interessierten und er mehr über sie erfahren wollte. Wenn ihn ein Thema beschäftigte, las er alles darüber, was er in die Finger bekam. So war er nach und nach zum Experten für Dinosaurier, einheimische Pilze, ausländische Automarken, das alte Ägypten und vieles mehr geworden.

Eigentlich war es nur die kleine Gruppe um Stefan, die immer wieder anfing, ihn zu ärgern, aber das reichte aus, um Stimmung gegen den Neuen in der Klasse zu machen. Stefan war der beste Basketballspieler der Schule – das war jedoch auch alles, womit er glänzen konnte. Seine Versetzung schaffte er immer nur mit Hängen und Würgen und viel Augen-Zudrücken seitens der Lehrer. Stefans Vater saß im Elternbeirat und hatte der Schule erst vor Kurzem neue Basketballkörbe für den Schulhof gestiftet. Oft brüstete sich Stefan damit, dass er es gar nicht nötig habe zu lernen, denn in der großen Gärtnerei seines Vaters fände er immer einen Ausbildungsplatz, egal mit welchen Noten er seinen Abschluss mache. Bei den Jungen war er wegen seiner sportlichen Erfolge und bei den Mädchen wegen seines guten Aussehens sehr beliebt. Wenn er etwas sagte, traute sich niemand, eine andere Meinung zu vertreten. Niemand, bis auf Julius. Stefan war so etwas nicht gewöhnt und erklärte Julius zu seinem Lieblingsfeind. Jeden Tag ließ er sich etwas Neues einfallen. Der Strebersong, den er mehrmals täglich singen ließ, war eine dieser Schikanen.

Nicht alle Mitschüler machten aktiv mit, aber sie unternahmen auch nichts dagegen. Einige waren wohl neidisch auf Julius' gute Noten und gönnten ihm daher insgeheim die Gemeinheiten, die Stefan ausheckte. Andere, vor allem die Mädchen um Svenja, die selbst fleißig waren und nach guten Noten strebten, schwiegen, weil sie Angst hatten, sonst auch Opfer von Stefans Attacken zu werden.

Mit einem Ruck riss Julius die Spaghettipackung auf und schüttete die Nudeln ins kochende Wasser. Er beobachtete, wie sie vor sich hinblubberten, während seine Gedanken wieder auf die Reise gingen.

Julius war immer gerne zur Schule gegangen, aber in der neuen Klasse hatte er angefangen, sie zu hassen. Er stand jeden Morgen mit Bauchschmerzen auf und musste sich oft regelrecht dazu zwingen, überhaupt hinzugehen. Dann, nach einigen Wochen in der neuen Klasse, glaubte er, eine Lösung für sein Problem gefunden zu haben. Keine Fragen mehr stellen konnte er nicht. Aber er hörte von einem Tag auf den anderen auf, Hausaufgaben zu machen. Er wollte dazugehören, um jeden Preis, und das ging offensichtlich nur, wenn er nicht mehr die besten Arbeiten der Klasse schrieb. Und so hatte er seine ersten schlechten Noten für nicht gemachte Hausaufgaben, nicht gelernte Vokabeln oder mathematische Formeln bekommen und war langsam von der Spitze der Klasse ins Mittelfeld gerutscht. Als seine Mutter ihn zur Rede stellte, weil sich mehrere Lehrer beim Elternsprechtag über seine ungewohnte Faulheit beschwert hatten, zuckte er nur mit den Schultern.

„Du könntest überall Einsen haben!", schimpfte sie. „Mit ein bisschen mehr Einsatz. Ich versteh dich nicht!"

„Ich hab keine Lust auf lauter Einsen. Das gibt nur Stress. Und ich hab null Bock auf die Scheißschule!", antwortete Julius wütend, verzog sich in sein Zimmer und drehte die Musikanlage auf. Mutter ausgeblendet, Problem gelöst. Dabei hätte er sie besser kennen müssen. Sie gab nie auf, wenn sie auch manchmal zu ungewöhnlichen Methoden griff, um ein Ziel zu erreichen. Als sich die Schwierigkeiten in der Schule und damit die Streitereien zu Hause häuften, kam es zum Knall.

4. Kapitel

Es war in der Woche passiert, als Julius' Schwester Maren bei den Großeltern gewesen war. Als er mittags nichts ahnend nach Hause kam, stand das schmutzige Frühstücksgeschirr noch auf dem Küchentisch und auf dem Herd kein einziger Topf.

Das konnte nur eines bedeuten: Seine Mutter war plötzlich krank geworden. Und so lief er ins Schlafzimmer, wo er auf ungemachte Betten und herumliegende Wäsche traf, nicht aber auf seine Mutter. Er fand sie schließlich putzmunter im Wohnzimmer, wo sie im Trainingsanzug auf dem Sofa lümmelte, ein Glas Orangensaft schlürfte und seelenruhig eine Talkshow ansah. Auf dem Tisch stand ein Teller mit Pizzaresten.

„Hallo", begrüßte sie ihn. „Wusstest du, was für coole Sendungen vormittags laufen? Und was die Leute für Probleme haben? Die Frau da zum Beispiel füttert allein ihre drei Töchter durch, obwohl die schon über zwanzig sind, aber keinen Bock auf Arbeit haben."

„Bist du krank?"

Seine Mutter sah ihn verwundert an. „Wieso krank? Seh ich so aus? Es ging mir schon lange nicht mehr so gut wie heute."

„Ich hab Hunger!"

„Hatte ich vorhin auch. Ich hab mir eine Pizza kommen lassen, mit Meeresfrüchten, richtig lecker." Sie fuhr sich mit der Zunge über die Lippen. „Mach ich jetzt öfter. Das mit dem Kochen nimmt so viel Zeit in Anspruch. Man muss ja vorher auch noch einkaufen."

Julius ließ sich in einen Sessel plumpsen und sah seine Mutter eine Weile schweigend an. Irgendwie war sie ihm unheimlich. Sie hatte noch nie etwas nach Hause bestellt. Und schon gar nicht Pizza! Sie hasste Pizza.

„Und … meine Pizza?"

„Ich wusste nicht, welche du willst. Du kannst dir ja noch eine bringen lassen."

Er war schon auf halbem Weg zum Telefon, als ihn ihr Nachsatz erreichte: „… wenn du genug Geld hast. Da gibt es nämlich einen Mindestbestellwert."

Er ging zurück ins Wohnzimmer.

„Ich hab kein Geld mehr. Ich …"

„Psst! Verflixt, jetzt hab ich nicht mitgekriegt, warum die Tochter null Bock hat. So ein Ärger. Dabei wollte ich genau das wissen."

„Wieso muss ich die Pizza bezahlen?"

„Weil es dein Hunger ist."

„Und wieso kochst du nicht? Du hast immer gekocht!"

„Schön blöd von mir, was? Da hab ich mir jeden Morgen den ganzen Stress mit dem Aufräumen, Einkaufen und Kochen gemacht. Ich wusste gar nicht, wie entspannend das mit der Null-Bock-Stimmung ist. Du hast immer davon geredet, aber ich hab's nicht verstanden und immer nur geschimpft. Heute wollt ich's mal ausprobieren und ich kann nur sagen: Es gefällt mir. Jetzt kann ich zum ersten Mal nachvollziehen, was du daran findest. Man fühlt sich so … so … irgendwie so frei. Man muss nichts tun, man tut nur das, worauf man Bock hat."

„Ich hab Hunger."

„Und kein Geld. Da hast du ein echtes Problem, würde ich mal sagen. Du kannst Nudeln von mir haben. Und ich geb dir was von meinem Ketchup, bis du dir selber welchen gekauft hast." Die Mutter kuschelte sich in ihre Sofaecke und wandte sich wieder der Talkshow zu, wo sich inzwischen alle Beteiligten anschrieen und die Talkmasterin vergeblich versuchte, Ruhe in die Diskussion zu bringen.

Julius warf seiner Mutter einen wütenden Blick zu, den sie aber nicht mal zu bemerken schien. Er knallte einen Topf mit Wasser auf den Herd, kochte sich einen Riesentopf Nudeln, lud sich einen Teller voll, kippte Ketchup darüber und schlang das Essen hinunter. Wenigstens war jetzt keiner da, der meckerte, wenn er die Nudeln schlürfte. Aber das tröstete ihn auch nur wenig.

Den ganzen Tag saß seine Mutter vor dem Fernseher. Und als der Vater nach Hause kam, setzte er sich dazu. Sie bestellten sich Schweinefleisch süß-sauer beim Chinesen.

Der Duft zog durch die Wohnung in die Küche, wo Julius über dem Rest seiner Nudeln saß. Nicht einmal gefragt hatten sie, ob er vielleicht auch etwas abhaben wollte.

Ansonsten waren sie freundlich zu ihm, richtig fröhlich, wie schon lange nicht mehr. Und am nächsten Morgen beim Frühstück erklärte sein Vater auch noch, dass diese Null-Bock-Stimmung offenbar ein ansteckender Virus sei und er am liebsten auch zu Hause bleiben wollte. Leider würde sein Chef dafür wohl kein Verständnis haben.

Nachmittags, als Julius aus der Schule kam, stand wieder das Frühstücksgeschirr auf dem Tisch und daneben lag ein kleiner Zettel: *Ich mache eine Radtour. Es sind noch Nudeln da.*

Drei Tage lang hielt die Mutter durch – obwohl Julius bereits nach zwei Tagen kapiert hatte, was sie ihm sagen wollte: Dass Null-Bock-Stimmung zum Bumerang wird, wenn alle davon befallen sind, und dass Nudeln mit Ketchup ganz schnell kein Lieblingsessen mehr ist, wenn man nichts anderes kochen kann und das Taschengeld schon ausgegeben ist.

Gleichzeitig mit seiner Mutter legte Julius die Null-Bock-Stimmung beiseite. Das Problem mit Stefan war dadurch natürlich nicht gelöst. Anfangs hatte Julius noch versucht mit ihm zu reden, so wie seine Mutter es ihm geraten hatte.

„Benutz dein Hirn und nicht deine Muskeln!“, hatte sie gesagt. „Auf Dauer wirst du der Stärkere sein.“

Julius hatte sich Mühe gegeben, aber gegen einen wie Stefan konnten auch die Ratschläge der Mutter nicht helfen. Und da Julius Stefans Verhalten nicht ändern konnte, hatte er sich damit abgefunden und versuchte damit zu leben, so gut es ging.

Viel schlimmer war, dass seine Eltern sich nach der Rückkehr aus Kanada immer häufiger und immer heftiger gestritten hatten: Da war die Mutter mit ihren oft flippigen Ideen, über die der Vater sich zunehmend ärgerte, und dann der Vater mit seinen genauen Vorstellungen über das Familienleben, über Ordnung und Regeln, auf die die Mutter immer öfter mit Wut reagierte. Streit hatte es schon seit Längerem gegeben, aber irgendwie hatten sie gehofft, dass die gemeinsame Zeit in Kanada die alten Probleme lösen würde. Das Gegenteil war der Fall! Und mit den neuen Problemen, die die ganze Familie hatte, sich wieder in der alten Heimat zurechtzufinden, brach die Beziehung der Eltern endgültig auseinander.

Vor einem halben Jahr war die Mutter von einem Tag auf den anderen ausgezogen, weil sie es nicht mehr ausgehalten hatte. Damals hatte Julius das Gefühl gehabt, dass alles um ihn herum zusammenbrach wie ein morsches Gebäude. Keine Mauer blieb mehr stehen, überall lagen Trümmer herum. Wenn man genau hinsah, konnte man noch die Reste seines Lebens erkennen, die Erinnerungen an kleine und große Ereignisse, Geburtstagsfeiern, Weihnachten, Urlaubsfahrten, aber sie ergaben kein Ganzes mehr. Mit einem Mal löste sich sein Leben auf und er musste tatenlos dabei zusehen.

„Es hat nichts mit dir zu tun! Zwischen uns ändert sich doch nichts", hatte die Mutter versucht ihn zu trösten. „Es ist halt manchmal so, dass sich Eltern nicht mehr verstehen. Und dann ist es auch für die Kinder besser, wenn jeder seinen Weg geht."

Nach dem Auszug der Mutter und seiner Schwester Maren gab es in Julius' Alltag nur wenige Dinge, die sich nicht verändert hatten und an denen Julius sich festhalten konnte. Dazu gehörten das Zähneputzen nach dem Frühstück und die Hausaufgaben am Nachmittag.

Der Vater hatte sich angewöhnt, morgens in Ruhe mit seinem Sohn zu frühstücken, bevor er zur Arbeit ging. Diese wenigen gemeinsamen Minuten am Küchentisch genoss Julius sehr. Denn das Schlimmste für ihn war das Alleinsein.

5. Kapitel

Seit einem halben Jahr lebte Julius nun schon allein mit seinem Vater und hoffte immer noch jeden Tag, wenn er nach Hause kam, dass seine Mutter da sein würde. Selbst seine kleine Schwester Maren vermisste er, obwohl er sich früher mit ihr mehr gestritten als vertragen hatte. Die Wohnung war viel zu groß für seinen Vater und ihn. Aber der Vater wollte nicht auch noch umziehen: „Es reicht mir schon, dass deine Mutter sich von mir getrennt und Maren mitgenommen hat. Noch mehr Trennung ertrage ich nicht."

So lebten sie allein in der großen Wohnung, was Julius an sich nicht störte, denn auch sein Bedarf an Trennungen war gedeckt. Aber die hohe Miete und die Unterhaltszahlungen, die der Vater an die Mutter überwies, führten dazu, dass jedes zweite Wort, das der Vater in den Mund nahm, „sparen" hieß. Und gespart wurde überall, vor allem an seinem Taschengeld, das er oft gar nicht mehr bekam.

„Und deine Mutter denkt nicht daran, sich einen Job zu suchen", schimpfte der Vater immer wieder.

„Das ist heute auch gar nicht so einfach. Und außerdem ist Maren erst sechs." Bei diesen Diskussionen übernahm Julius regelmäßig die Rolle des Verteidigers für seine Mutter.

„Maren geht vormittags in die Schule. Da kann deine Mutter doch arbeiten gehen." Wenn sein Vater an diesem Punkt angelangt war, stand Julius jedes Mal auf und ließ ihn allein weiterschimpfen. Er konnte es nicht ertragen, wenn sein Vater so über seine Mutter redete. Und schließlich war es nicht seine Schuld, dass die Eltern sich getrennt hatten. Julius vermisste seine Mutter mehr, als er jemals zugegeben hätte.

In solchen Momenten hasste er seinen Vater. Eigentlich wäre er sowieso lieber bei der Mutter geblieben, aber der Vater hatte ihm leid getan. Jetzt hatte jeder ein Kind, das war gerecht, da war keiner ganz allein. Und eigentlich verstand er sich ja ganz gut mit seinem Vater. Nur, wenn es ums Geld ging, fing der jedes Mal an, auf die Mutter zu schimpfen. Und so fragte Julius nicht nach dem Taschengeld. Mal bekam er es, meistens aber nicht. Er war jetzt endlich 14 und würde sich bald einen Job suchen: Zeitungen austragen oder Eis verkaufen.

Die Hausarbeit teilte sich Julius mit seinem Vater. Einkaufen, Staub saugen und Geschirr spülen, dafür war Julius zuständig. Manchmal kochte er für beide das Abendessen. Dann die Hausaufgaben. Viel Abwechslung gab es nicht in seinem Alltag und Freunde hatte er auch außerhalb der Schule bislang nicht gefunden.

Am Morgen nach dem Ärger wegen des verschwundenen Geschichtshefts trödelte er herum wie sonst nie. Bei dem Gedanken, Stefan und seine Freunde zu sehen, krampfte sich sein Magen zusammen. Er verließ das Haus so spät, dass er keine Chance mehr hatte, rechtzeitig zur ersten Stunde zu kommen.

Als er vor der Tür seines Klassenraums stand, hörte er laute Stimmen. Frau Bungert, seine Klassenlehrerin, führte gerade ein ernstes Gespräch mit seinen Mitschülern.

„Ihr kennt Julius doch gar nicht richtig. Wie könnt ihr ihn dann als Streber beschimpfen? Gebt ihm doch erst mal eine Chance."

„Einen Streber erkennt man doch auf den ersten Blick. Der hat uncoole Hosen an, lässt keinen abschreiben und trägt 'ne Schultasche, wenn alle anderen einen *Eastpack* haben."

„Aha, ein Streber ist also einer, der seine eigene Meinung hat oder einfach nur anders ist als die Mehrheit?" Vergeblich versuchte Frau Bungert die Diskussion zu versachlichen.

„Ein Streber ist einfach uncool. Der hat nur seine Bücher im Kopf."

„Genau! Wetten, dass Cäsar keine Computerspiele zu Hause hat? Der hängt nur über seinen Büchern. Und wenn der mal den Computer anschaltet, dann recherchiert er bestimmt für die Schule."

„Der hat keine Hobbys und keine Freunde. Weil er nur ans Lernen denkt."

„Und unsportlich ist er auch. Wenn der in unserer Mannschaft ist, verlieren wir immer."

Julius verzog vor der Klassenzimmertür verächtlich seinen Mund. Sie waren noch bescheuerter, als er gedacht hatte. Mit denen wollte er gar nicht befreundet sein.

Ruckartig stieß er die Tür auf. Die meisten schauten ihn schuldbewusst an. Die Lehrerin begrüßte ihn besonders freundlich, was Julius peinlich war. Am liebsten wäre er wieder nach Hause gegangen.

Mit rotem Kopf ging er zu seinem Platz. Dabei übersah er das ausgestreckte Bein von Stefan, stolperte und fiel hin. Seine Nase blutete.

Frau Bungert half ihm beim Aufstehen. „Tut es sehr weh?“, fragte sie besorgt. Julius schüttelte den Kopf. Sie schickte ihn zur Toilette, damit er sich das Blut abwischen konnte. Im Hinausgehen hörte er noch, wie sie die Klasse böse anfauchte: „Jetzt reicht es aber! Wer war das? Du, Stefan?“

Julius konnte sich die unschuldigen Gesichter seiner Mitschüler vorstellen. Es war nicht das erste Mal, dass ihm so etwas passierte. Nie fanden die Lehrer heraus, wer es gewesen war. Meistens gingen solche Aktionen von Stefan aus und vor dem hatten alle anderen Angst.

Und da Julius nicht auch noch als Petze beschimpft werden wollte, hielt er den Mund und ging Stefan möglichst aus dem Weg. Auch diesmal schluckte er den Ärger über die Demütigungen seiner Mitschüler hinunter. Doch in einem Punkt musste er ihnen recht geben: Sein Leben verlief ziemlich eintönig.

6. Kapitel

Die einzige Abwechslung, die Julius hatte, waren die Besuche bei seiner Mutter immer dienstags nach der Schule. Sie wohnte bei einer Freundin am Rande der Stadt, eine Dreiviertelstunde von ihm entfernt. Das war zwar so nah, dass man die Hin- und Rückfahrt an einem Nachmittag schaffen konnte, aber doch nicht nah genug, um einfach ohne Verabredung vorbeischauen zu können.

Früher, als seine Mutter noch ganz selbstverständlich zu seinem Leben gehört hatte, wäre er nie auf den Gedanken gekommen, dass er sich eines Tages mit ihr verabreden müsste, um sie zu sehen.

Auf dem Weg von der S-Bahn-Station zu seiner Mutter kam er jedes Mal an einer großen Wiese vorbei. Dort hatte die Stadt vor einiger Zeit eine Skateranlage aufgebaut. Mitten zwischen den Hochhäusern standen auf einer Rasenfläche kleine Sprungschanzen, eine Halfpipe und Minirampen. Die Stadt hatte sich richtig in Unkosten gestürzt, um den Jugendlichen diese Freizeitmöglichkeit zu bieten.

Oft blieb Julius dort stehen und schaute den Skatern zu. Auch in der Innenstadt hatte Julius schon Skater bewundert, die elegant und in rasantem Tempo die Treppenstufen hinuntersausten und auf Mauern balancierten. Einige benutzten sogar das Treppengeländer, sprangen hoch in die Luft, drehten sich und landeten wieder sicher auf dem Brett.

Während sein Vater auf die Jugendlichen schimpfte, die mit ihren Brettern zwischen den Passanten herumkurvten und diese zum Stolpern brachten, hatte Julius nur einen Wunsch: mitzumachen.

Und hier auf der Halfpipe fuhren die wahren Könner. Es sah atemberaubend und gefährlich aus. Manche flogen mehr als einen Meter über den Rand der Halfpipe hinauf in den Himmel – das Brett saß wie angeklebt unter den Füßen. Oft machten sie eine Drehung in der Luft, fingen das Brett wieder ein, landeten sicher in der Röhre und sausten dann zur anderen Seite hoch, um dort erneut in die Luft zu fliegen. Je öfter Julius ihnen zuschaute, desto größer wurde sein Wunsch, auch so zu fliegen.

Als er an einem späten Dienstagnachmittag zurück zur S-Bahn ging, hörte er schon von Weitem laute Stimmen von der Anlage. Es war immer etwas los hier, aber an die-

sem Tag gab es ein besonderes Ereignis: *Stadtteil-Competition* stand auf einer Banderole, die quer über den Eingang gespannt war. Die Sieger sollten Sponsorenverträge bekommen. Julius blieb stehen und schaute fasziniert zu.

Gefahren wurde in drei Gruppen: Gruppe C für Fahrer unter 14 Jahren, Gruppe B für alle zwischen 14 und 18 und Gruppe A für die über 18-Jährigen. Jeder *Run* ging über eine Minute und in dieser Zeit musste man zeigen, was man draufhatte.

Die Zuschauer, die sehr zahlreich erschienen waren, feuerten die Fahrer an, eine Liveband spielte. Nicht nur aus dem Stadtteil waren die besten Skater gekommen. Viele von ihnen kannte Julius inzwischen. An einem Tisch saßen die Schiedsrichter und vergaben Punkte und Strafpunkte.

Als die Skater dann bei der Siegerehrung ihre Helme abnahmen, sah Julius verblüfft, dass der zweite Platz in der Gruppe B an ein Mädchen gegangen war: Jessica. Sie war bestimmt nicht viel älter als er. Julius hatte sie schon öfter auf der Anlage bewundert, aber immer gedacht, sie sei ein Junge. Auch die anderen Zuschauer waren überrascht und grölten begeistert.

Es kam selten vor, dass sich auf die Anlage ein Mädchen verirrte. Als Zuschauer ja, aber mit einem Skateboard unter den Füßen? Skaten schien eine der letzten Sportarten zu sein, die Mädchen nicht ausübten. Bis auf Jessica – und sie war richtig gut!

Er wartete beim Ausgang, bis sie kam.

„Du warst gut. Ich dachte, du gewinnst."

Sie lachte. „Wohl neu hier, was? Ich bin schon froh, dass ich den Zweiten gemacht habe. Die müssen sich erst noch daran gewöhnen, dass Mädchen mitmachen und auch noch gut sein können."

„Wie lange machst du das schon?"

„*Streetskating* schon lange, aber in der Halfpipe bin ich erst seit einem Jahr. Und du?"

„Ich bin nur Zuschauer, leider."

„Das kann man ändern, oder? Ich muss jetzt los. Man sieht sich." Und damit fuhr sie davon.

7. Kapitel

Von da an hielt Julius jedes Mal, wenn er seine Mutter besuchte und an der Anlage vorbeikam, nach Jessica Ausschau. Wenn sie ihn sah, winkte sie ihm zu und drehte weiter ihre Runden auf dem Parcours.

Sie fuhr auf die Rampe, dann herunter zur nächsten. Dahinter kam eine kleine Mauer. Kurz vorher drückte sie mit dem Fuß den hinteren Teil des Brettes hoch, flog mit dem Brett auf die Mauer, von da auf das Geländer, das sie dann herabrutschte, um sicher wieder auf dem Boden zu landen.

Am Schluss kamen die Übungen in der Halfpipe. Hier hielt Julius jedes Mal den Atem an, wenn sie über den Rand hinausflog, das Brett in die Hand nahm und umdrehte, noch im Flug wieder unter ihre Füße hielt und schließlich wieder landete.

Vielleicht wäre Julius immer Zuschauer geblieben, wenn Jessica nicht eines Nachmittags verunglückt wäre. Er schaute ihr zu, wie sie einen neuen Trick am Geländer ausprobierte. Irgendwie bekam sie das Brett am Ende nicht vom Geländer los. Sie sprang ab, kam zwar mit den Beinen auf dem Boden auf, knickte aber mit dem rechten Fuß um und stürzte. Sie schrie nur kurz auf, dann lag sie da und bewegte sich nicht mehr.

Für einen Moment war Julius wie gelähmt vor Schreck und saß einfach da. Endlich sprang er auf und rannte zu ihr. Jessica hatte die Augen geschlossen und jammerte leise. Julius beugte sich zu ihr herunter und berührte vorsichtig ihren Arm.

„Bleib ruhig liegen. Ich rufe einen Krankenwagen. Die sind gleich hier.“ Er holte sein Handy heraus und wollte wählen. Jessica hob den Kopf. „Nicht anrufen. Mein Fuß. Er tut so weh. Aber nicht anrufen.“

„Vielleicht ist er gebrochen.“

„Ich will nicht ins Krankenhaus! Wenn meine Eltern das hören, verbieten sie mir das Skaten.“ Jessica versuchte leise stöhnend sich aufzurichten. „Der Fuß ist bestimmt nur verstaucht. Du kannst mich ja nach Hause bringen.“

Julius zog sie vorsichtig hoch und auf seinen Arm gestützt humpelte sie los. Zum Glück wohnte sie gleich um die Ecke.

Julius bestand darauf, dass sie sich aufs Sofa setzte, während er das Kühlgel aus dem Eisfach holte.

„Davon hab ich immer einen Vorrat im Haus. Es ist nicht das erste Mal, dass so etwas passiert“, erklärte Jessica, während sie ihr ziemlich geschwollenes Fußgelenk kühlte.

„Und wenn dein Fuß gebrochen ist?“, meinte Julius besorgt. Jessica drehte vorsichtig den Fuß hin und her. „Nur verstaucht“, meinte sie dann. „Da kenn ich mich aus. Wenn er gebrochen wäre, könnte ich ihn gar nicht bewegen. Glück gehabt. Meist kriegen meine Eltern nicht mit, wenn ich gestürzt bin. Kratzer und blaue Flecken gehören nun mal dazu. Sonst kannst du nichts Neues ausprobieren. Aber als ich mir vor zwei Jahren das Handgelenk gebrochen habe, wollten sie mir das Brett wegnehmen.“

Erst zwei Stunden später fiel Julius ein, dass er ja eigentlich seine Mutter besuchen wollte, und so verabschiedete er sich hastig.

Aber schon am nächsten Tag war er wieder auf der Anlage. Von Jessica keine Spur. Wahrscheinlich lag sie immer noch zu Hause und kühlte ihren Fuß. Er hatte ja gleich geahnt, dass es schlimmer war, als sie zugegeben hatte. Er klingelte bei ihr zu Hause, aber niemand öffnete.

Zwei Tage später traf er endlich ihre Mutter an. „Jessica? Die kommt doch erst heute Abend von der Klassenfahrt zurück."

„Ach, dann geht es ihr gut?" Julius fiel ein Stein vom Herzen. Er hatte sie schon im Krankenhaus vermutet. Die Mutter schaute ihn verwundert an. „Ich denke schon. Warum sollte es ihr nicht gut gehen?"

„Och, nur so", stotterte Julius und machte, dass er davonkam. Beinahe hätte er Jessica verraten. Sie hatte offenbar von ihrem Unfall nichts zu Hause erzählt. Aber so schlimm konnte es auch nicht gewesen sein, sonst hätte sie ja nicht wegfahren können.

Am nächsten Tag war sie tatsächlich wieder auf der Anlage. Sie kam sofort angefahren, als sie ihn sah. „Du warst so schnell weg, dass ich dir das mit der Klassenfahrt nicht mehr sagen konnte", meinte sie.

„Und dein Fuß?"

„Am ersten Tag bin ich noch gehumpelt. Aber dann ging es. Und heute mach ich erste Fahrversuche. Warum versuchst du es nicht auch einmal?"

„Viel zu gefährlich", Julius grinste sie an. „Ich hab noch nie auf so 'nem Brett gestanden."

„Du musst auch erst auf der Straße üben, damit du ein Gefühl für das Brett bekommst. Üben, üben, üben und dann geht's auf die Rampen. Du kannst mein altes Brett haben. Helm und Knieschützer und den ganzen Sicherheitskram musst du aber selber kaufen … Also, was ist? Hast du keine Lust zu skaten?"

Als ob das eine Frage von Lust war! Natürlich wollte er, aber ob er es schaffen würde, auch nur halb so gut zu werden wie sie, war doch sehr zweifelhaft.

„Ich weiß nicht", meinte Julius darum. „Ich bin nicht so gut im Sport in der Schule."

Jessica lachte. „Wer redet denn von Schule? Ich schaff mit Glück gerade 'ne Drei. Turnen und Gymnastik, das ist nicht mein Ding. Hier kriegst du keine Noten. Das hier ist einfach nur Spaß!"

„Ich dachte, man muss üben, üben, üben."

„Klar, wenn du wirklich fliegen, neue Tricks lernen oder einen Contest gewinnen willst, dann musst du üben. Versuch es doch einfach." Sie versprach, das Brett beim nächsten Mal mitzubringen, dafür sollte Julius sich um die Sicherheitsausrüstung kümmern.

„Nimm keine Billigteile. Die kannst du nach einer Woche in den Müll schmeißen. Und außerdem lassen die hier niemanden mit Schrott auf die Anlage. Safety first."

In der Nacht träumte Julius, wie er unter dem Jubel der Zuschauer seinen ersten Contest gewann. Er wirbelte durch die Halfpipe, drehte im Flug das Brett herum und sah aus den Augenwinkeln unter sich die Zuschauer: Seine Eltern mit Maren und daneben Jessica. Sie winkten ihm begeistert zu. Und ganz hinten stand Stefan mit seinen Freunden. Sie starrten zu ihm hoch und bekamen vor Staunen ihren Mund nicht wieder zu.

8. Kapitel

Als Julius im Sportgeschäft mit 30 Euro ankam, die er von seinem Taschengeld gespart hatte, lachte ihn der Verkäufer aus.

„Nee, mein Junge. Dafür kriegst du noch nicht mal einen anständigen Helm. Als Anfänger sollte man ganz vorsichtig sein. Sonst kannst du gleich ein Abo im Krankenhaus buchen. 150 Euro musst du schon locker machen."

Julius starrte ihn entsetzt an. 150 Euro! Das war dann wohl das Ende seines Traums. Wahrscheinlich spielte Geld für Jessica keine Rolle, sonst hätte sie ihn sicher vorgewarnt. Vielleicht hatte sie ja einen reichen Vater. Wer konnte schon so viel Geld aufbringen? Er jedenfalls nicht.

Der Verkäufer hatte Mitleid mit ihm. „Wir hatten da ein Sonderangebot: ein Sicherheitsset für 120 Euro. Gute Qualität. Eins ist noch da. Ich habe es für einen Kunden zurückgelegt. Aber der scheint nicht zu kommen. Bis morgen kann ich es für dich reservieren."

Julius schüttelte traurig den Kopf. Ob 150 oder 120 Euro, das machte keinen Unterschied. Er besaß ja noch nicht mal die Hälfte und bis zu seinem Geburtstag war es noch lang.

Als Julius am darauf folgenden Dienstag an der Anlage vorbeikam, hoffte er zum ersten Mal, dass Jessica nicht da war. Aber sie wartete schon und winkte ihm zu.

„Hier, versuch mal."

Julius schüttelte den Kopf.

„Ich hab kein Geld für den Helm und die restliche Ausrüstung."

„Und wenn du deine Eltern fragst? Die sind sicher froh, wenn du ein Hobby hast. Hat bei meinen Eltern auch funktioniert. Die freuen sich, dass ich nicht mehr mit meinen Kumpels im Park rumhänge und rauche."

Julius schüttelte den Kopf. „Keine Chance. Vielleicht später mal. Ich weiß schon, was mein Vater sagen wird: Du kannst alles machen, aber kosten darf es nichts."

„Und deine Mutter?"

Wieder schüttelte er den Kopf. Sie schaute ihm nach, als er davonging und zornig eine leere Plastikflasche quer über den Platz kickte.

Seine Mutter merkte sofort, dass etwas nicht stimmte, und gab wie immer keine Ruhe, bis er ihr alles erzählt hatte.

„120 Euro, das ist 'ne Menge Geld. 20 könnte ich dir geben, aber mehr …" Julius nickte. Er hatte auch nicht erwartet, dass sie ihm die Sachen finanzierte.

„Muss es denn unbedingt das Skateboardfahren sein? Das ist nicht nur teuer, sondern auch noch gefährlich. Ich meine, ich freue mich, wenn du Sport treibst, aber …"

„Ich will fliegen – und beim Fußballspielen fliegt nur der Ball", sagte Julius leise.

„Fliegen", wiederholte die Mutter und sah ihn nachdenklich an. Dann nahm sie ihn in den Arm und drückte ihn ganz fest, was sie schon lang nicht mehr getan hatte und was er eigentlich auch gar nicht mehr so gerne mochte. Aber an Tagen wie diesem war es gut, dass es jemanden gab, der seine Enttäuschung verstand.

„Wenn du fliegen willst, dann müssen wir wohl einen Weg finden, wie du zu deiner Ausrüstung kommst. Was ist mit Geld verdienen?"

„Keine Chance. Ich hab schon bei der *Rundschau* und in einem Café nachgefragt. Die haben mich auf die Warteliste geschrieben."

Die Mutter runzelte die Stirn. „Und Rasen mähen, babysitten oder Auto waschen? Damit hab ich mir früher mein Taschengeld verdient."

„Ich kann ja auf Maren aufpassen, damit du mal ins Kino gehen kannst. Macht fünf Euro die Stunde."

„Blödmann!", sagte die Mutter und stupste ihn liebevoll in den Bauch. „Es gibt immer einen Weg. Man muss ihn nur finden. Es muss doch irgendetwas geben, womit du ein paar Cent verdienen kannst. Aber was?"

Den ganzen Nachmittag überlegten sie, ohne Erfolg. Später holten sie Maren von ihrer Freundin Clara ab. Gleichzeitig mit ihnen stand ein junger Mann vor der Tür. Claras Mutter öffnete und begrüßte sie freundlich.

„Ein Student", erklärte sie, als der junge Mann im Zimmer von Claras älterem Bruder verschwunden war. „Er gibt Marcel Nachhilfeunterricht. Ich bin froh, dass er nicht so teuer ist."

Während Maren auf dem Rückweg fröhlich vor ihnen herhopste und ununterbrochen erzählte, war die Mutter sehr schweigsam. Julius beobachtete sie. Er kannte das. Irgendwas brütete sie aus. Bestimmt wieder eine ihrer verrückten Ideen.

Und wirklich. Beim Abendessen sagte sie auf einmal: „Du brauchst Geld. Geburtstag und Weihnachten sind noch lange hin. Und zwischendurch so locker mal über

100 Euro für die Sicherheitsausrüstung sind nicht drin, richtig?"

Julius nickte und wartete gespannt, was jetzt kommen würde.

„Du bist doch gut in der Schule, oder?"

„Zurzeit schon. Ich mache ja auch alle Hausaufgaben." Er grinste seine Mutter an. „Weißt du noch?"

Sie lachte. „Klar! Hat prima funktioniert. Du hättest mal dein Gesicht sehen sollen, als ich dir sagte, du musst dein Mittagessen selber bezahlen."

Julius lachte mit und gleichzeitig bedrückte es ihn, dass es nie wieder so wie früher werden würde.

„Und die anderen aus deiner Klasse?"

„Die machen ihre Aufgaben nur selten. Darum mögen sie mich auch nicht. Die denken, ich bin ein Streber."

„Bist du doch auch, oder nicht?"

„Bin ich nicht!"

Julius stellte so wütend sein Glas auf den Tisch, dass der Saft auf den Teller mit Wurst und Käse schwappte. „Alle machen sich über mich lustig. Keiner mag mich in dieser Scheißschule!"

Wenn es ein Wort gab, auf das Julius allergisch reagierte, dann war es das Wort „Streber". Sobald er erwähnte, dass er kein Problem in der Schule hatte, war er ein Streber. Aber dass nun sogar seine Mutter ihn so sah …

„Was ist so schlimm daran, ein Streber zu sein?", fing sie wieder an. „Schau dir die Sportler im Fernsehen an. Das sind alles Streber, weil sie gewinnen möchten. Dirk Nowitzki, der größte Streber aller Zeiten. Man sollte meinen, er hat genug. Aber nein, er strebt nach weiteren Siegen. Jeder Fußballspieler wird zum Streber, wenn er zum Beispiel in die Nationalmannschaft möchte. Und sie trainieren und trainieren, machen die Hausaufgaben, die der Trainer ihnen aufgibt, essen nur das, was der Trainer vorschreibt. Musterschüler sind sie alle. Streben heißt doch nichts anderes als sich anzustrengen, um ein Ziel zu erreichen. Jeder Popstar ist ein Streber, weil er ganz hoch in die Charts möchte. Und sieh dir die Schauspieler an. Für einen *Oscar* werden sie alle zu Superstrebern."

Die Mutter holte Luft. Julius sah sie verblüfft an. Dirk Nowitzki als größten Streber aller Zeiten zu bezeichnen, war schon ein starkes Stück. Aber hatte sie nicht recht?

„Beim Sport und in der Musik ist das kein Problem", sagte Julius. „Da finden alle die Streber toll. Aber das gilt nicht für die Hausaufgaben und die Schule. Das eine ist cool und das andere uncool!"

„Und wo ist bitteschön der Unterschied? Du strengst dich an, damit du gute Noten hast und später dann den Beruf lernen kannst, der dir wichtig ist. Um seine Träume leben zu können, muss man ein Streber sein." Sie schaute ihn an, dann grinste sie. „Lassen wir das. Du brauchst Geld, richtig?"

Julius nickte. In dem Punkt waren sie sich einig.

„Und du bist gut in der Schule und machst deine Hausaufgaben immer?"

Wieder nickte Julius.

„Dann verkauf, was du gut kannst."

„Ich soll Nachhilfeunterricht geben?"

„Dafür bist du wahrscheinlich auch noch zu jung. Das trauen dir die Eltern nicht zu. Aber du kannst so was Ähnliches machen. Du verkaufst Hausaufgaben, Referate, Aufsätze, Physikprotokolle und Matheaufgaben."

Julius schaute sie verständnislos an. „Ich soll Hausaufgaben verkaufen? Das sind doch keine Tomaten."

„Aber so was Ähnliches." Die Mutter sprang vor Aufregung auf und wanderte im Zimmer umher. „Hey, komm, das ist *die* Idee! Du machst ein Geschäft mit der Faulheit deiner Mitschüler. Du machst einen Streberladen auf. Ein Referat für fünf Euro, einen Deutschaufsatz je nach Länge und Thema acht Euro und so weiter. Du wirst sehen, wie schnell du die 120 Euro für die Sicherheitsausrüstung zusammenhast." Sie sah ihn begeistert an. Aber Julius war nicht überzeugt. Die Idee war total abgedreht und einfach nicht durchführbar.

„Ich weiß nicht. Ich glaube nicht, dass unsere Lehrer das so gut finden werden."

„Das glaub ich auch nicht. Aber die müssen ja nichts davon erfahren. Oder denkst du, deine Kunden erzählen dem Lehrer, wer den Aufsatz, für den sie eine Eins bekommen haben, geschrieben hat? Denk drüber nach." Da war sie wieder, die Mutter mit ihren verrückten Ideen. Ein Streberladen! Darauf konnte auch nur sie kommen. Und je mehr sie davon redete, desto stärker begeisterte sie sich für ihre Idee. Es war lange her, dass er sie so fröhlich gesehen hatte. Julius drückte sie ganz fest und machte sich dann auf den Heimweg, nicht ohne ihr versprochen zu haben, sich die Idee durch den Kopf gehen zu lassen.

Als er an der Skateboardanlage vorbeikam, traf er auf Jessica, die gerade nach Hause gehen wollte. Sie winkte ihm zu: „Du hast das Brett vergessen!", rief sie.

„Ich hab kein Geld."

„Na und? Soll ich deshalb etwa mit zwei Brettern wieder nach Hause fahren?" Ohne eine Antwort abzuwarten, drückte sie ihm ein Brett in die Hand. Es war schon etwas mitgenommen, aber noch fahrtüchtig.

„Damit kannst du erst mal anfangen zu üben. Erste Rollversuche machen. Ich leih es dir. Es ist mein erstes. Gib's mir einfach zurück, wenn du dir mal ein neues anschaffst. Es bringt Glück. Und wenn du einen Helm hast, dann zeig ich dir die Tricks." Dann fuhr sie davon. Auch sie ging offenbar davon aus, dass Julius nicht aufgeben und das Geld schon irgendwie auftreiben würde.

Er seufzte. Sie war genauso verrückt wie seine Mutter. Vielleicht hatte er darum das Gefühl, sie schon ewig zu kennen.

Zu Hause stellte er das Brett neben sein Bett. Es war gelb mit einem Adler an der Spitze. Der Vogel stand kurz vor dem Abflug. Man sah, dass das Brett oft benutzt worden war. Die Farbe war an vielen Stellen abgeplatzt.

‚Fliegen wie ein Adler', war das Letzte, was er dachte, bevor er an diesem Abend einschlief.

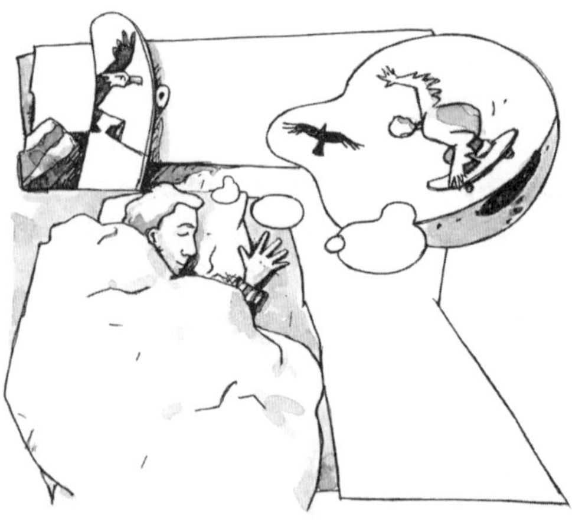

9. Kapitel

Am nächsten Morgen herrschte in der 8b große Aufregung. Heute sollten die Berichtigungen der letzten Englischarbeit abgegeben werden.

Vor einer Woche hatte Herr Wienand die Arbeit ausgeteilt und mit sorgenvoller Stimme gesagt: „So lange haben wir dieses Grammatikthema besprochen. Und jetzt das! Manchmal frage ich mich, warum ich mir so viel Mühe mit euch gebe. Ihr habt eine Woche Zeit für die Berichtigung! Und ich erwarte eine supersaubere, superordentliche, superkorrekte Berichtigung. Sonst erhalten eure Eltern einen Brief, an den ihr noch lange denken werdet."

Natürlich hatten viele ihre Berichtigung gemacht und sich große Mühe gegeben. Aber so manchem war sie erst an diesem Morgen wieder eingefallen.

„Wie soll man denn das alles behalten?", stöhnte Stefan. „Die eine Aufgabe soll man bis Dienstag machen, die andere bis Freitag. Ich hab keinen Kopf für so 'nen Scheiß."

„Aufgabenheft, heißt die Lösung!", rief Bernd, der das aber nur in der Theorie so gut wusste. Tatsächlich führte er die Liste für nicht gemachte Hausaufgaben in den meisten Fächern an.

„Idiot!", schrie Stefan darum auch erbost. „Ich hab letzte Woche schon einen Brief nach Hause bekommen. Mein Alter flippt aus, wenn jetzt der nächste kommt. Ich brauch diese superkorrekte Berichtigung unbedingt."

„Ich dachte, deinem Vater sind deine Noten egal, du kannst doch sowieso bei ihm eine Ausbildung machen", meinte Svenja.

Er funkelte sie böse an. „Was geht dich das an? Halt du dich da raus. – Also, was ist jetzt mit der Berichtigung?“

„Meine kannst du haben, aber ohne Garantie. Und Aufgabe 6 hab ich gar nicht geschnallt“, meinte Pit und hielt ihm sein Arbeitsheft hin.

Stefan sah nicht sehr glücklich aus. Das Angebot von Pit war nett gemeint, aber ohne Aufgabe 6 würde Herr Wienand sicher nicht zufrieden sein. Er schaute sich suchend in der Klasse um, aber die meisten schüttelten bedauernd den Kopf. Niemand war sich sicher, dass seine eigene Berichtigung fehlerfrei war, und wollte es riskieren, später Ärger mit Stefan zu bekommen.

„Warum fragst du nicht den Streber? Der spricht besser Englisch als der Wienand und hatte in der Arbeit keinen Fehler. Vielleicht gibt er sie dir!“

Julius, der wie immer längst an seinem Platz saß und sich um seine Mitschüler nicht kümmerte, zuckte zusammen, als Stefan plötzlich vor ihm stand.

„Gib schon her!“, sagte Stefan und legte die Hand auf Julius’ Heft.

„Sei vorsichtig!“, rief Bernd. „Wenn der Streber dich verpetzt, kriegst du gleich zwei Briefe nach Hause.“

Julius sah etwas ängstlich in die Gesichter vor ihm: abwartende, gespannte Gesichter. Sie alle warteten darauf, was er machen würde.

„Was ist jetzt? Du willst mich doch nicht hängen lassen?“ Stefans Stimme klang drohend.

„Das ist dem doch scheißegal, ob du Ärger mit deinem Alten kriegst“, meinte Bernd. „Der denkt nur an sich.“

Für einen Moment herrschte absolute Stille in der Klasse. Selbst Monika und Natalie, die sonst nie ihren

Mund halten konnten, schwiegen und schauten zu den beiden hinüber.

Stefan stand immer noch da, die eine Hand auf Julius' Heft. Julius sah die Wut in seinem Gesicht, aber auch etwas anderes: Angst. Stefan, der große, coole Stefan, hatte Angst, mehr Angst als er selbst. Angst vor einem Brief, weil er seine Hausaufgabe nicht gemacht hatte. Und ausgerechnet von ihm, Julius, hing es ab, ob Stefan zu Hause Ärger bekommen würde oder nicht.

Für einen Moment wurde Julius ganz schwindelig bei dem Gedanken an die Macht, die er so plötzlich über Stefan bekommen hatte. Was sollte er jetzt bloß machen?

Und auf einmal sah er vor sich das Gesicht seiner Mutter. Sie sagte: „Das ist deine Chance! Los, worauf wartest

du? Verkauf das, was du gut kannst und was die anderen haben wollen! Eröffne deinen Streberladen. Dein erster Kunde steht vor der Tür."

„In Ordnung", hörte Julius sich sagen. Seine Stimme klang fremd in seinen Ohren. „Du kannst mein Heft haben. Aber das macht fünf Euro." Julius schwitzte vor Aufregung und Angst. Er musste sich zwingen, Stefan in die Augen zu sehen.

Es klingelte, aber niemand rührte sich. Alle starrten Julius mit großen Augen an.

Stefan fand als Erster die Sprache wieder: „Fünf Euro? Wofür willst du fünf Euro?"

Julius schluckte. Für einen winzigen Moment wollte er alles rückgängig machen, zu Stefan sagen: „Vergiss es. Hier hast du mein Heft." Aber dann sah er Jessicas Brett mit dem schwarzen Adler vor sich – und sich selbst, wie er durch die Halfpipe sauste.

Mit ganz leiser, zitternder Stimme sagte er: „Du … du brauchst die Lösung der Aufgaben und ich brauche Geld!"

„Ich soll deine Lösungen kaufen?" Stefan lachte, aber es klang nicht so selbstsicher wie sonst.

„Du sollst nicht, aber du kannst, wenn du möchtest. Ich dachte … wegen dem Brief an deine Eltern und … dem ganzen Ärger, den du bekommen wirst …", sagte Julius immer noch leise, aber seine Stimme wurde mit jedem Wort sicherer.

Wenn Stefan in diesem Moment laut gelacht und sich das Heft einfach genommen hätte, wäre wohl alles ganz anders gekommen. Aber Stefan hatte es die Sprache verschlagen. Unsicher schaute er zu seinen Freunden hinüber, die jedoch auch keine große Hilfe waren.

„Fünf Euro? … Du spinnst doch!“, fing er vorsichtig an. „Weißt du, was ich mit fünf Euro alles machen kann? Dafür kauf ich mir doch glatt zehn Berichtigungen.“

„Gut!“, sagte Julius. „Mach das. Dann brauchst du meine Lösungen ja nicht.“ Je länger das Gespräch dauerte, desto sicherer wurde er. Vor einigen Jahren war er mit seinen Eltern in Marokko gewesen und hatte auf dem Basar fasziniert zugesehen, wie seine Mutter mit dem Händler um einen roten Seidenschal feilschte.

Er sah auf seine Uhr. Die Sache fing an ihm Spaß zu machen. „Sechs Euro!“

„Sechs? Gerade waren es noch fünf!“

Julius zuckte lässig mit den Schultern. „Gerade ist lange her. Mal sehen … Englisch haben wir in der zweiten Stunde. Und die Zeit läuft. Das treibt den Preis hoch.“

Es war totenstill in der Klasse.

„Zehn Euro!“, sagte Julius in die Stille hinein. Er wusste, dass das viel zu hoch gegriffen war. Aber beim Handeln musste man hoch pokern und hinterher einigte man sich in der Mitte. So hatte die Mutter ihm das Prinzip erfolgreichen Feilschens erklärt.

In diesem Moment kam Herr Mayer herein und sah sich verwirrt um, denn sonst war es nie so still, wenn er die Klasse betrat. Stefan suchte hektisch in seiner Hosentasche und fischte einen zerknüllten Zehneuroschein heraus. Er warf ihn Julius vor die Füße, schnappte sich das Heft und ging auf seinen Platz.

Während Stefan die Mathestunde zum Abschreiben nutzte, stand der Rest der Klasse noch unter Schock und warf Julius immer wieder ungläubige Blicke zu. Auch Julius war mit seinen Gedanken nicht bei dem, was Herr

Mayer an die Tafel schrieb. Er konnte nicht fassen, wie einfach es gegangen war. Das erste selbst verdiente Geld! Und das, ohne zusätzlich zu arbeiten. Er hatte nichts getan, was er nicht schon immer gemacht hatte: seine Hausaufgaben.

Sorgfältig glättete er den Geldschein und legte ihn in sein Mathebuch. Vielleicht war die Idee mit dem Streberladen doch nicht so schlecht. Zum nächsten Elternsprechtag war es nicht mehr lang und bis dahin mussten noch einige Referate und Hausaufsätze geschrieben werden. Ungeahnte Möglichkeiten zum Geldverdienen taten sich vor Julius auf.

10. Kapitel

Die Zeit für Geschäfte war in der Tat günstig. Jedenfalls für solche Geschäfte, wie Julius sie plante. Die Einladungen für den Elternsprechtag waren gerade ausgeteilt worden und es gab eine Menge Schüler, die diesem Tag mit Grauen entgegensahen. Hatte man bislang manche Arbeit und manchen Eintrag ins Klassenbuch zu Hause verschweigen können, so erfuhren die Eltern spätestens an diesem Tag, dass die leicht dahingesagten Aussagen ihrer Kinder – „Alles in Ordnung in der Schule, no problem!" – nicht den Tatsachen entsprachen.

Es gab keine andere Zeit im Schuljahr, außer unmittelbar vor den Zeugnissen, in denen die Lehrer mit so vielen Anfragen nach zusätzlichen Referaten und freiwillig zu übernehmenden Aufgaben bestürmt wurden.

„Bitte geben Sie mir noch eine Chance!"

„Kann ich nicht noch ein Referat halten? Mein Vater bringt mich um, wenn er meine Noten sieht."

Julius betrachtete die zunehmende Panik seiner Mitschüler mit großem Interesse. Jetzt musste er ihnen nur noch klarmachen, dass er die Lösung für ihre Probleme hatte.

Seine Chance kam schneller als erwartet. Es war Pit, der mal wieder in Terminnot war und sich außerdem einbildete, mithilfe von Referaten das drohende Donnerwetter seines Vaters abwehren zu können. Er hatte sich an einem Tag Referate in Geschichte und Arbeitslehre und eine Buchvorstellung in Deutsch geben lassen. Zunächst tönte er noch herum, dass er damit seine Noten in drei Fächern aus dem gefährlichen Bereich ziehen würde.

Doch je länger der Schulvormittag dauerte, desto klarer wurde ihm, dass sich die Referate nicht von selbst schrieben und er eigentlich keine Zeit für die zusätzliche Arbeit hatte. „Recherche im Internet, Bücher wälzen und ein Buch ganz lesen? Und dann 'ne Zusammenfassung machen? Wie soll ich das bloß schaffen?", jammerte er. „Ich hab 'ne Urlaubsvertretung im Eisladen übernommen. Außerdem muss ich Zeitungen austragen."

„Du musst ja keine Referate schreiben", meinte Bernd. „Ist doch freiwillig. Gib sie einfach zurück."

„Und dann?", fuhr Pit ihn wütend an. „Was glaubst du, was meine Eltern zu meinen Noten sagen? Da kann ich vor dem Elternsprechtag entweder nach Australien auswandern oder alle Jobs aufgeben und nur noch pauken."

Julius ließ ihn jammern. Pit war schon 15 und hatte immer ausreichend Geld, weil er nicht nur einen, sondern gleich zwei Jobs angenommen hatte. Ein idealer Kunde für den Streberladen.

Julius beobachtete, wie Pit von Stunde zu Stunde nervöser wurde. Und als er in der zweiten großen Pause statt mit seinen Freunden auf den Schulhof zu gehen in Richtung Lehrerzimmer abbog, wusste Julius, dass er bald Kundschaft haben würde.

Julius folgte ihm unauffällig und versteckte sich hinter einer Säule gegenüber dem Lehrerzimmer. Pit klopfte. Nach kurzer Zeit erschien Frau Bungert, bereits etwas verärgert, weil sie ihre Pause unterbrechen musste.

„Also, was ist so schrecklich wichtig, Pit? Mach's kurz. Ich hab nicht so viel Zeit."

„Ja, das ist so ... mit der Buchvorstellung. Ich glaub, ich schaff das nicht ... bis nächste Woche. Ich muss noch so viel anderes machen … Kann ich nicht übernächste Woche …?“

„Von mir aus musst du gar keine Buchvorstellung machen“, sagte Frau Bungert ungeduldig. „Sie passt sowieso nicht richtig in den Unterricht. Du wolltest doch die zusätzliche Arbeit, damit ich deinen Eltern etwas Positives über dich sagen kann. Aber dann musst du dich auch anstrengen. Ich werfe niemandem die guten Noten hinterher. Entweder nächste Woche oder gar nicht. Du kannst es dir bis morgen überlegen.“ Damit ging sie zurück ins Lehrerzimmer und ließ Pit einfach stehen.

Pit ballte zornig die Faust. Wenn er vorgehabt hatte, auch noch die anderen Lehrer zu fragen, so gab er diesen Plan spätestens jetzt auf. Sie würden ihm wohl nichts anderes sagen.

Plötzlich entdeckte er Julius hinter der Säule und kam drohend auf ihn zu. „Was stehst du da und grinst so blöd?“

„Ich hab rein zufällig dein Gespräch mit Frau Bungert gehört. Ich dachte, du kannst vielleicht Hilfe gebrauchen.“

Pit lachte höhnisch. „Hau ab, wie willst du mir schon helfen?“

„Ich könnte zum Beispiel dein Geschichtsreferat schreiben … oder dein Arbeitslehrereferat oder deine Buchvorstellung … oder alles zusammen. Recherche im Internet oder Bücher lesen ist für mich kein Problem. Ich habe genug Zeit, du offenbar nicht. Aber das ist nur so eine Idee. Wenn du nicht willst …“ Damit drehte Julius sich um und ließ Pit stehen.

Für einen Moment passierte gar nichts. Dann hörte Julius eilige Schritte hinter sich und Pits aufgeregte Stimme.

„Hey, warte mal. Du … du würdest meine Referate schreiben?"

„Warum nicht? Wenn du gut zahlst!"

„Ah, darum geht's. Du bist ein Abzocker! Du willst nicht helfen, du willst nur Geld!"

Julius zuckte mit den Schultern. „Ich hab etwas, das du brauchst. Und du hast etwas, das ich brauche. Ist doch ein fairer Handel. Hat man schon im Altertum gemacht. Du verdienst doch auch Geld, weil du im Eisladen hilfst. Was ich mache, ist nur 'ne andere Art von Job."

Pit nickte. Das klang irgendwie verrückt, aber logisch. Er überlegte nur kurz. „Und was kostet mich das?"

„Hängt vom Thema ab. Mal sehen: zwei Referate … Arbeitslehre: Sozialversicherungen … Geschichte: Lebenslauf Napoleons. Und eine Buchvorstellung. Ich denke, so 20 Euro für das ganze Paket …"

„20 Euro? Bist du bekloppt? Das ist ja Wucher! Und ich muss das Ganze eh noch lernen, wenn ich die Referate vor der Klasse halten will."

„Der normale Schülerarbeitslohn ist fünf Euro pro Stunde und ich brauche für alles bestimmt acht bis neun Stunden", rechnete Julius ihm vor. „Das ist doch ein Sonderangebot."

Pit stellte sich unter „Sonderangebot" etwas anderes vor und brauchte bis nach der sechsten Stunde, um eine Entscheidung zu treffen. Natürlich war er einverstanden. Julius hatte nichts anderes erwartet. Schließlich stand Pit unter ziemlichem Druck.

„Wie schnell kannst du liefern?"

„Drei Tage für die Referate. Zwei weitere für das Buch."

Am Ende musste Julius sogar eine Nachtschicht einlegen, weil das Buch dicker war, als er gedacht hatte. Und dann noch die Inhaltsangabe. Am Abgabetag war er erst gegen drei Uhr morgens mit allem fertig. Er hatte sich aber auch besonders große Mühe gegeben, denn dies war seine Einstiegsarbeit und die musste gut werden, damit er neue Kunden gewinnen konnte.

Und sie wurde es. Das Geschichtsreferat und die Buchvorstellung waren glatte Zweien, das Referat in Arbeitslehre eine Zwei minus. Die Lehrer waren begeistert.

Frau Bungert stellte Pit sogar vor der Klasse als Beispiel für besonderen Fleiß hin: „Vom Text her ist deine Arbeit sogar besser als Zwei, das nächste Mal musst du noch mehr an deinem Vortrag arbeiten. Aber insgesamt hätte ich dir das gar nicht zugetraut. Weiter so, Pit. Und ihr anderen nehmt euch ein Beispiel. Wenn man will, kann man auch unter Zeitdruck gute Leistungen bringen."

Pit strahlte. Auch Julius war sehr zufrieden. Sein Streberladen hätte keinen besseren Einstand haben können.

Und es gab an diesem Tag noch einen Grund für ihn zur Freude. Als Stefan nämlich nach der zweiten Pause aus lauter Gewohnheit mal wieder den Strebersong anstimmte, weil er sich über Julius ärgerte, gab es einen weniger, der mitsang. Zwar versteckte Pit sein Gesicht hinter der Hand, aber es war ein Anfang.

Als nächster Kunde kam Pits Freund aus der Nachbarklasse, der mit seinen Mathehausaufgaben nicht klarkam. Ein Euro pro Aufgabe, das sprach sich schnell herum. Julius bekam bald so viele Aufträge, dass er den Überblick über seine Kunden und seine Preise verlor und eine Liste aufstellen musste.

Mithilfe seiner Mutter entwarf er ein Flugblatt:

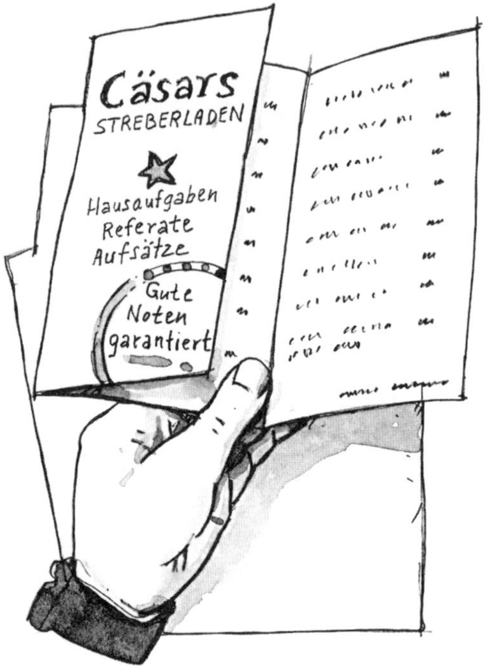

Dass er einmal seinen ungeliebten Spitznamen freiwillig benutzen würde, hätte Julius nicht gedacht, aber seine Mutter meinte, bei „Cäsar“ würde jeder gleich an Erfolg denken und ein pfiffiger Name sei für jedes Geschäft sehr wichtig.

Matheaufgaben ohne Zeichnung waren preiswerter als solche mit Zeichnung. Allerdings hob er den Preis von einem Euro auf zwei Euro pro Aufgabe an, nachdem er festgestellt hatte, dass seine Lösungen von einigen cleveren Schülern weiterverkauft wurden. Deutschaufsätze kosteten bis zu zehn Euro, je nachdem, wie viel Zeit er dafür brauchte und wie umfangreich sie werden sollten. Bei Referaten ließ er sich pro Seite drei Euro zahlen, unabhängig vom Thema.

Manche Schüler kamen morgens ohne Bargeld, dafür hatten sie etwas zum Tauschen dabei: Zigaretten, einen alten Gameboy, Computerspiele. Einmal brachte einer einen abgebrochenen Mercedes-Stern mit. Aber darauf ließ sich Julius von Anfang an nicht ein, auch wenn sie ihn als geldgeil beschimpften. Schließlich war es ein fairer Tausch: seine Arbeit gegen Euro. Niemand wurde gezwungen, in seinem Streberladen etwas zu kaufen.

Auch die Mutter warnte ihn, allerdings aus anderen Gründen. „Du weißt nicht, woher die Sachen kommen. Lass bloß die Finger davon. Du hast schließlich keinen Flohmarkt und bist auch kein Hehler für geklaute Sachen! Aufgaben gibt's nur gegen Cash!"

Außerdem lernte Julius aus Fehlern, die ihn anfangs so manchen Euro gekostet hatten. Anders als bei normalen Geschäften gab es für einen Streberladen keine Allgemeinen Geschäftsbedingungen. Nachdem er mehr als einmal auf bestellten Referaten und Aufsätzen sitzen geblieben war, nahm er Aufträge nur noch gegen Anzahlung an. Aber nicht immer hatten seine Mitschüler Geld dabei oder sie liefen davon, sobald er ihnen die fertige Ausarbeitung gegeben hatte. Also ging er dazu über: Erst zahlen, dann die Ware.

Das Geschäft boomte und zum Elternsprechtag hatte Julius das Geld für die Schutzausrüstung zusammen. Da die Schüler an diesem Tag nicht zur Schule mussten, hatten die Lehrer viele Hausaufgaben aufgegeben. Julius schaute sie zum ersten Mal seit Langem nicht einmal an. Seinen Streberladen hatte er geschlossen: Betriebsferien.

Direkt nach dem Frühstück fuhr er mit der S-Bahn in die Stadt, um sich einen Helm, Knie- und Ellenbogenschützer und Handgelenksschoner zu kaufen. Dann fuhr er damit stolz zur Skaterbahn.

Jessica war auch schon dort und begrüßte ihn begeistert. Gemeinsam drehten sie die ersten Runden auf der Straße. Vor einer kleinen Mauer, die das Einkaufszentrum von der Straße abgrenzte, rief Jessica auf einmal: „Aufpassen! Jetzt kommt der erste Trick."

Mit dem rechten Fuß drückte sie den hinteren Teil des Bretts herunter. Das Brett schnellte hoch, sodass Julius erschrocken zur Seite sprang.

Mit dem vorderen Fuß lenkte sie das Brett so, dass sie auf der Mauer landete. Sie fuhr ein Stück auf ihr entlang und machte das Gleiche in umgekehrter Reihenfolge.

Insgesamt war alles so schnell gegangen, dass Julius die einzelnen Bewegungen kaum mitbekommen hatte. Leicht verstört sah er Jessica an. Hoffentlich erwartete sie nicht, dass er das gleich nachmachte. Er war schon froh, wenn er das Brett auf ebener Erde nicht verlor. Dass er jemals auf Mauern springen würde, hielt er für sehr unwahrscheinlich.

„*Ollie!*", rief sie ihm etwas außer Atem zu.

„Olli … wer?"

„Na, der Trick heißt *Ollie.* Ist praktisch die Grundlage für alle anderen. Damit werden wir anfangen, sobald du sicherer geworden bist – und natürlich erst mal ohne die Mauer."

Julius war erleichtert. Ein paar Tage gab sie ihm also noch zum Üben. Aber sie würde nicht lockerlassen. In dem Punkt war sie wie seine Mutter.

Später schaute er ihr zu, wie sie in der Halfpipe herumwirbelte. Sie wollte unbedingt eines Tages mit dem Skaten Geld verdienen. „Den nächsten Contest muss ich gewinnen", erklärte sie Julius. „Das große Sportgeschäft in der Innenstadt sucht neue Skater, die für sie Reklame laufen. Und diesmal keine Jungen. Das Motto heißt: *Girls on Wheels.*"

„Ich werde nie so gut wie du."

„Mit der Einstellung bestimmt nicht. Es gibt keinen Trick, den du nicht lernen kannst. Auch ein Tony Hawk hat irgendwann klein angefangen."

Tony Hawk – so viel wusste Julius inzwischen –, das war der große Star der Skaterszene: Mit neun hatte er sein erstes Skateboard bekommen und mit sechzehn war er der beste Skater der Welt. Er verdiente inzwischen so viel Geld, dass er davon leben konnte, reiste in der Welt herum, stieg nur in den teuersten Hotels ab und machte Reklame für seine Videofilme und Bücher.

„Ab jetzt legst du keinen Weg mehr zu Fuß zurück. Nur noch auf Rollen", befahl Jessica. „Dann ist der Rest nur noch 'ne Frage der Zeit. In ein paar Monaten haben wir hier auf der Anlage einen Contest für Nachwuchs-Skater. Den musst du gewinnen."

Julius hasste es, wenn ihm jemand vorschreiben wollte, was er zu tun hatte. Er wusste auch nicht so genau, warum er sich das von Jessica gefallen ließ. Aber er bewunderte sie, weil sie einen Traum hatte, von dem sie sich nicht abbringen ließ. Und für den sie kämpfte.

Auch seine Mutter war zufrieden. „Na also!“, meinte sie, als er in voller Montur ein paar Probesprünge bei ihr im Hof machte. „Wo ein Wille ist, ist auch ein Weg, wenn auch manchmal ein ungewöhnlicher.“ Und diesmal verdrehte Julius nicht genervt die Augen, wie sonst, wenn sie einen ihrer weisen Sprüche abließ. Er war froh, dass er nicht aufgegeben hatte.

11. Kapitel

Am Anfang war das Surfen, in Kalifornien. Und weil Surfen süchtig macht und die Wellen im Meer nicht immer groß genug sind, kam jemand auf die Idee, vier Rollen unter ein Holzbrett zu schrauben. Trockensurfen auf der Straße. Es war der Beginn des Skateboardfiebers, das von Amerika aus über die ganze Welt schwappte und jetzt auch Julius befallen hatte.

Nose, so heißt der vordere Teil des Bretts und *Tail* der hintere, dazwischen liegt die *Base*. Und darauf stand Julius, der sein Brett nur noch zum Schlafen beiseite legte. Ob beim Einkaufen oder auf dem Schulweg, er tat das, was Jessica ihm empfohlen hatte: üben, üben, üben.

In den ersten Tagen fuhr das Brett noch häufiger ohne ihn, weil es sich selbstständig machte und er abspringen musste, aber schon bald lernte er, es zu steuern. Dann kamen die ersten kleinen Hindernisse, die erste Treppe hinunter, dann die erste Treppe hinauf – und natürlich jede Menge Stürze, Kratzer und blaue Flecken. Jetzt verstand er auch, warum Jessica so darauf bestanden hatte, dass er keine Billigteile als Sicherheitsausrüstung kaufte.

Er durchforstete die Skaterseiten im Internet nach einfachen Tricks, die er auswendig lernte: *Grind, Slide, Grab* und *Flip;* zumindest in der Theorie waren sie ihm schon bald vertraut. Aber um sie auszuprobieren, musste man sein Brett perfekt unter Kontrolle haben.

Sobald er sicher genug war, übte Jessica mit ihm an der kleinen Mauer auf der Skateranlage den *Ollie,* den jeder Skater zuerst beherrschen sollte.

„Drück das Brett hinten runter … Gut so … Jetzt rauf … und Gleichgewicht halten …“, kommandierte Jessica. Als er den Trick nach vielen vergeblichen Anläufen das erste Mal geschafft hatte und sicher auf dem Boden gelandet war, klatschte nicht nur Jessica begeistert. Auch andere Skater standen inzwischen an der Mauer, gaben Tipps und freuten sich über jeden Forschritt, den Julius machte.

„Na, bravo!“, rief Torben, der zu den besten Skatern auf der Anlage gehörte. „Wenn du willst, machen wir gleich mit dem *Kickflip* weiter.“ Julius nickte, obwohl ihm inzwischen alle Knochen wehtaten. Aber so ein Angebot konnte er ja kaum ausschlagen.

„Du musst beim Vorwärtsrollen das Brett mit dem hinteren Fuß herunterdrücken, dann durch einen Kick das Brett zum Drehen bringen. Wenn die Räder wieder zum Boden zeigen, draufspringen und weiterfahren“, erklärte ihm Torben. Was sich so einfach anhörte und bei ihm auch einfach aussah, entpuppte sich als sehr schwierige Übung. Wieder und wieder probierte Julius es, aber immer wieder musste er in letzter Sekunde abspringen und sein Brett sauste allein weiter.

Zwischendurch setzte Julius sich erschöpft und oft auch mutlos auf den Boden und sah den anderen beim Üben zu: Torben, der in der Halfpipe wirbelte, ohne nur ein einziges Mal aus dem Gleichgewicht zu geraten. Oder Jessica, die auf eine Mauer sprang, an der Kante entlangrollte, um dann in einem eleganten Bogen wieder herunterzuspringen, ohne das Brett zu verlieren. „*Frontside Nose Manual*“, erklärte sie. „Das zeige ich dir später.“

Julius schwirrte der Kopf. Die Anzahl der Sprünge ging ins Unendliche: *Walk the Dog, Tail Hand Flip* und *Beni-*

hana. Er konnte schon die Namen nicht behalten, wie sollte er jemals die Sprünge beherrschen?

„Die Namen sind nicht so wichtig", tröstete ihn Torben. „Die meisten Tricks entstehen zufällig, weil die Leute Spaß haben. Dann wirst du automatisch kreativ. Und hinterher muss das Ding einen Namen bekommen. Das ist alles. Es ist keine Wissenschaft. Es ist einfach nur fun."

Das sahen allerdings nicht alle Leute so. Der Hausmeister des Blocks, in dem Julius wohnte, rief ihm jedes Mal, wenn er ihn sah, Schimpfwörter hinterher. Julius winkte ihm dann immer freundlich zu und fuhr weiter.

Aber eines Tages erwischte der Hausmeister Julius ausgerechnet in dem Moment, als er die kleine Mauer zum Parkdeck herunterfuhr.

Julius war glücklich, dass er es zum ersten Mal ohne Sturz geschafft hatte. Und so hörte er den Hausmeister nicht kommen, der plötzlich hinter ihm stand und ihn an der Jacke festhielt.

Zunächst prallten die zornigen Worte des Hausmeisters an ihm ab. „Jetzt habe ich dich endlich erwischt!", schrie er ihn an. „Überall in der Mauer sind Steine herausgebrochen. Ich habe schon lange den Verdacht, dass einer von euch Skatern schuld daran ist. Die Reparatur der Mauer kannst du bezahlen!"

Julius wurde ganz blass vor Schreck. Das war das Ende seiner Skaterkarriere, bevor sie angefangen hatte. Er hatte die Worte seines Vaters noch genau im Ohr: „Von mir aus fahr mit deinem Brett, wenn es so wichtig für dich ist. Aber eins sag ich dir: Falls du irgendwo skatest und

Treppen, Geländer und Ähnliches zerstörst, werde ich dein Brett höchstpersönlich im Kamin verfeuern."

Er hatte auf einen Artikel in der Zeitung gezeigt. Ein Skater war gerade zu einer Geldbuße von 1200 Euro verurteilt worden, weil er im S-Bahnhof beim Rollen über Treppen und Geländer ziemliche Schäden angerichtet hatte.

Auch an Jessicas Worte erinnerte sich Julius: „Manchmal überkommt es einen beim Skaten. Dann sieht man ein tolles Geländer und kann sich nicht bremsen. Aber wenn du erwischt wirst, musst du zahlen. Und meine Eltern sehen das genauso wie dein Vater. Dann ist Schluss mit Skaten. Aber man muss ja nicht da fahren, wo etwas kaputtgehen kann. Es gibt genug andere Möglichkeiten."

Julius überlegte krampfhaft, was er jetzt tun konnte. Der Hausmeister würde wohl kaum Verständnis haben, wenn er ihm erklärte, dass die Mauer so verführerisch dagestanden hatte. Obwohl er sich eigentlich nicht schuldig fühlte. Sicher, er war die Treppe schon öfter heruntergefahren, aber die Schäden an der Mauer kamen nicht von ihm. Die Mauer war bisher viel zu hoch für einen Sprung gewesen. Das hatte er doch heute zum ersten Mal geschafft. Aber der Hausmeister würde ihm bestimmt nicht glauben. Der war doch froh, dass er endlich jemanden gefunden hatte, dem er die kaputte Mauer anhängen konnte.

„Wie heißt du? Na los: Name, Adresse. Oder soll ich gleich die Polizei holen?"

„Also … Ich …"

„Warte!" Der Hausmeister suchte nach einem Zettel in seiner Hosentasche und für einen Moment lockerte er den festen Griff um Julius' Arm. Julius nutzte die Chance, riss sich los, sprang auf sein Brett und rollte davon, die wütenden Rufe des Hausmeisters hinter sich.

„Wenn ich dich hier noch einmal erwische …!“, rief er.

Aber da brauchte er keine Angst zu haben. In den nächsten Tagen übte Julius seine Sprünge nur noch auf der Skateranlage.

12. Kapitel

Hatte Julius sonst so viel Freizeit gehabt, dass er an manchen Tagen fast in Langeweile ertrunken wäre, so wusste er jetzt kaum, woher er die Zeit für Hausaufgaben, die bestellten Referate und Aufsätze, Skateboardüben und die Besuche bei seiner Mutter nehmen sollte.

Zum Glück unterstützte sie ihn nach wie vor und kam sogar mit, als er seine ersten Versuche auf der Anlage wagte. Auch wenn es ihr Angst machte, wie er da über die kleinen Sprungschanzen hüpfte und so manches Mal neben dem Brett auf dem harten Boden aufkam, hielt sie tapfer durch, hatte aber vorsichtshalber immer die ganze Hausapotheke dabei.

„In der Unfallstatistik steht Skaten ganz weit vorne“, erklärte sie ihm und schaute entsetzt zu, wie er versuchte, eine Mauer mit einem *Frontside Boardslider* zu ersteigen.

„Aber Fußball, Handball, Volleyball und Basketball stehen in der Statistik noch vor dem Skaten“, mischte sich Jessica ein und zwinkerte Julius zu. Sie kannte solche Bedenken von ihren Eltern und hatte die entsprechenden Beruhigungsargumente auf Lager.

So ganz allmählich wurde auch Julius’ Vater vom Skateboardfieber angesteckt. War er anfangs noch sehr skeptisch gewesen – „Alle Skater sind rücksichtslos“ –, so änderte sich das schlagartig, nachdem er zusammen mit Julius einen Film über die Weltmeisterschaft der Skater gesehen hatte.

Danach war er davon überzeugt, dass es sich hier durchaus um einen ernst zu nehmenden Sport handelte, und die paar Rowdys, über die er sich in der Fußgängerzone ärgerte, nicht unbedingt dazugehörten.

Gewöhnungsbedürftig war allerdings für den Vater die Sprache der Skater, die für einen Außenstehenden kaum zu verstehen war. Als der Reporter vom Talent des Siegers für *Fliptricks* an ausgewachsenen *Stufensets* sprach, schüttelte er nur den Kopf. „Ich versteh kein Wort von diesem Skaterisch. Was will der Typ nur sagen?“

Julius wusste es auch nicht so genau, es war ihm auch egal. Was zählte, waren die Sprünge und nicht ihre Namen.

Die Nachmittage flogen nur so dahin und immer häufiger saß Julius zur Verwunderung seines Vaters noch spät abends an seinem Schreibtisch, um irgendwelche Aufgaben zu machen. Sein Vater stand kopfschüttelnd in der Tür und meinte: „Ich freue mich, wie fleißig du bist. Aber irgendwie übertreiben deine Lehrer. Du lernst doch sehr schnell. Warum sitzt du dann trotzdem so lange an deinen Hausaufgaben? Wie geht es erst den anderen?“

„Die machen die Hausaufgaben nicht.“

„Kein Wunder. Jemand, der Probleme mit dem Lernen hat, sieht bei der Menge, die ihr offensichtlich aufhabt, ja überhaupt kein Land. Logisch, dass deine Mitschüler dann gar nicht erst anfangen. Ich werde das mal mit Frau Bungert besprechen. Morgen ruf ich sie von der Arbeit aus an.“

Julius schwieg zu diesen Worten. Er war gespannt, was Frau Bungert zu den Vorwürfen seines Vaters sagen würde.

Ein etwas verwirrter Vater kam am nächsten Abend von der Arbeit zurück und traf Julius wieder an seinem Schreibtisch an. Kopfschüttelnd betrachtete er seinen

Sohn. „Also, Frau Bungert sagt, dass von den anderen Eltern noch keine Beschwerden gekommen sind. Sie versteht auch nicht, warum du so viel Zeit brauchst."

„Ich arbeite eben genauer. Darum wird mein Zeugnis am Ende ja auch besser."

„Gut, das ist ein Argument", meinte der Vater. „Trotzdem solltest du es nicht übertreiben. Fahr lieber am Nachmittag mit deinem Skateboard los, damit du an die frische Luft kommst."

Julius war froh, dass er nicht weiter nachbohrte. Der Vater wusste nichts von seinem Streberladen und Julius würde ihm auch nichts davon erzählen. Er würde sofort vermuten, dass die Idee von seiner Mutter stammte. Und das würde nur neuen Ärger zwischen den beiden geben.

Seitdem Julius nicht mehr nach seinem Taschengeld fragte, hatte der Vater keinen Anlass, sich darüber aufzuregen, dass die Mutter kein Geld verdiente. Manchmal, wenn Julius von seinen Besuchen bei der Mutter zurückkam, fragte er ihn sogar, wie es ihr ging. Während er am Wochenende regelmäßig mit Maren etwas unternahm, hatte er mit der Mutter seit Monaten kein vernünftiges Wort mehr geredet. Julius hoffte, dass sie eines Tages wieder miteinander reden würden, ohne sich anzuschreien. Das Einzige, was er zurzeit machen konnte, war, jedes Thema zu vermeiden, das den Vater erneut gegen die Mutter aufbringen würde.

Aber weil der Vater immer noch in der Tür stand, fragte Julius: „Was hat Frau Bungert über die anderen Schüler gesagt?"

„Na ja, sie sagt, die Arbeitshaltung bei euch in der Klasse ist wechselhaft. Merkwürdigerweise werden die kurzen Hausaufgaben oft nicht gemacht, aber Referate oder Aufsätze werden meist und auch sehr gut abgeliefert. Insgesamt ist sie nicht unzufrieden mit euch."

„Wie schön für sie", murmelte Julius und setzte den letzten Punkt unter ein Referat über das Brutverhalten von Störchen, das er zur nächsten Biostunde für Natalie anfertigte.

Nicht jeder ist Pünklich Nicht jeder Möchte Zahlen

Pünktlich jeden Morgen um 7.30 Uhr traf Julius in der Schule ein. Hinter einem großen Busch, der vom Parkplatz der Lehrer nicht einsehbar war, stand eine Bank. Dort traf er sich mit seinen Kunden.

Er setzte sich auf die Bank und holte aus seiner Tasche eine Holzschachtel mit Wechselgeld und die von ihm angefertigten Aufgaben heraus.

Manche seiner Kunden warteten schon ungeduldig auf ihn. Sie hatten es eilig, denn Referate wollten ja gelesen werden, bevor sie in der Klasse vorgestellt werden konnten. Die anderen Schüler, die einen Aufsatz oder irgendwelche Mathe- und Physikaufgaben abholten, warfen oft nur einen kurzen Blick darauf, drückten Julius den restlichen Lohn in die Hand und gingen davon.

Ein Problem waren nach wie vor die Schüler, die versuchten, ihn auszutricksen. „Beschwer dich doch beim Rektor!", rief ein besonders frecher Mitschüler ihm grinsend zu, als Julius ihn in der Pause an seine Schulden erinnerte. Und genau das ging natürlich nicht. Er konnte seinen Streberladen nur so lange betreiben, wie niemand von den Lehrern oder Eltern davon erfuhr.

Lebhaft stellte er sich die Kommentare der Lehrer vor: Ein „Geschieht dir recht!" wäre wohl noch der freundlichste Kommentar gewesen. Sie hätten seinen Streberladen sofort geschlossen und ihn wahrscheinlich für den Rest des Schuljahrs dazu verdonnert, Strafarbeiten zu schreiben oder dem Hausmeister beim Säubern des Schulhofs zu helfen.

Für Julius war klar: Sobald er genügend Geld für ein eigenes Brett zusammenhatte, würde er den Streberladen schließen.

Er schließt den laden wenn er das geld hat.

13. Kapitel

Julius stand kurz vor seinem Ziel, als die ganze Sache beinahe doch noch aufgeflogen wäre.

Eines Abends kam er erst spät von der Skateboardanlage. Zum ersten Mal hatte er einen *Kickflip* hinbekommen, ohne zu stürzen, nachdem er den ganzen Nachmittag unter den kritischen Augen von Jessica und Torben geübt hatte.

Er war todmüde und wollte nur noch ins Bett, als ihm plötzlich einfiel, dass er noch zwei Aufsätze für den nächsten Tag fertigstellen musste. Er gähnte laut. Er würde den beiden morgen sagen, dass er es nicht mehr geschafft hatte. Aber der eine Aufsatz war für Stefan, der sich zum ersten Mal durchgerungen hatte, bei Julius etwas zu bestellen. Bei jedem anderen hätte Julius es riskiert und wäre ins Bett gegangen, aber bei Stefan? Seufzend holte Julius seinen eigenen, bereits geschriebenen Aufsatz heraus und setzte sich an seinen Schreibtisch. Jetzt musste er seinen Aufsatz noch zweimal so umschreiben, dass Frau Bungert nichts merkte.

Im Deutschunterricht sprachen sie zurzeit, passend zum Einstein-Jahr, über den berühmten Physiker. Sie hatten Filme gesehen, Arbeitsblätter ausgefüllt und über die Relativitätstheorie gesprochen.

„Einstein!", hatte Bernd gejammert. „Warum müssen wir ausgerechnet über Albert Einstein schreiben? Der war ein Jahrhundertgenie und ist doch viel zu schwer zu begreifen!"

„Aber seine Schulleistungen waren in einigen Fächern auch nicht besser als deine“, antwortete Frau Bungert. „Ein Lehrer soll sogar zu ihm gesagt haben: ‚Aus Ihnen wird nie etwas, Einstein!‘ Der Mann sollte dir Mut machen, Bernd.“

Bernd war nicht überzeugt und brummelte vor sich hin, was aber nicht viel nutzte. Als Hausaufgabe hatte Frau Bungert einen Aufsatz verlangt zum Thema: „Einstein hat gesagt: Es ist wichtig, dass man nie aufhört zu fragen.“ Ein Stöhnen war durch die Klasse gegangen. „Gebt euch Mühe. Ich werte den Aufsatz wie eine richtige Klassenarbeit.“ Mit diesen Worten war Frau Bungert aus der Klasse gerauscht.

Sofort war Pit zu Julius gestürzt und hatte ihm zehn Euro in die Hand gedrückt. „Mein Aufsatz kommt zuerst.“

„Zehn Euro? Du spinnst ja! Du verdirbst die Preise!“, schrie Markus ihn empört an. „Gib ihm fünf Euro zurück, Julius!“

Aber Julius hatte das Geld schon eingesteckt. „Ich habe nichts dagegen, wenn meine Kunden freiwillig mehr zahlen.“ Jetzt fehlten ihm nur noch 20 Euro für sein eigenes Skateboard.

Nach der sechsten Stunde kam zum ersten Mal auch Stefan, der noch nie einen Aufsatz bei ihm bestellt hatte. „Sind fünf Euro o.k.?“, fragte er etwas verlegen.

Julius nickte.

„Ich bring das Geld morgen. Aber es muss mindestens eine Zwei werden.“

Julius lächelte ein wenig verächtlich. Für ihn war eine Zwei kein Problem. Er genoss es, dass Stefan seine Hilfe brauchte. Ausnahmsweise bestand er deshalb auch nicht auf einer Anzahlung.

„Es darf nicht schief gehen!“, wiederholte Stefan. „Ich brauche in Deutsch jede gute Note, sonst kann ich die Versetzung vergessen.“

„Warum sollte es schief gehen? Ich habe noch allen meinen Kunden gute Noten verschafft“, meinte Julius hochmütig.

„Na ja, es könnte ja sein“, stotterte Stefan ein wenig hilflos, „weil ich kein … großer Fan von dir bin.“

„Ich hab einen Laden und keinen Fanclub“, sagte Julius und ließ Stefan einfach stehen. Jeder Euro brachte ihn näher an sein Traumbrett heran, egal, von wem er kam.

Normalerweise fiel es Julius nicht schwer, mehrere Versionen von ein und demselben Thema zu schreiben. Er hatte inzwischen Übung darin. Aber an diesem Abend konnte er kaum die Augen offen halten. Er hatte seinen eigenen Text im Computer gespeichert und änderte jetzt nur ein paar Wörter und stellte einige Sätze um, schrieb jeweils eine neue Überschrift und druckte dann einen Text für Stefan und einen für Pit aus.

‚Bei 25 Aufsätzen wird Frau Bungert das schon nicht merken‘, dachte Julius. Zufrieden schaltete er seinen Computer aus und fiel in sein Bett.

Am nächsten Morgen überreichte er Pit und Stefan die fertigen Aufsätze, die sie jetzt nur noch in ihrer eigenen Handschrift abschreiben mussten.

Zwei Tage später sammelte Frau Bungert die Hefte ein. Julius gab genau acht, dass die drei Hefte nicht direkt hintereinander abgegeben wurden, und atmete dann erleichtert auf.

Aber bereits am übernächsten Tag rief Frau Bungert Stefan, Pit und Julius in der Pause zu sich. Schon von Weitem sahen sie, dass ihre Klassenlehrerin nicht gut gelaunt war.

Als sie die Tür zum Sprechzimmer öffnete, wurde allen dreien leicht übel, denn in diesem Raum fanden erfahrungsgemäß Gespräche statt, die oft sehr unangenehme Folgen hatten.

„Die hat was gemerkt!", zischte Stefan Julius zu. „Wenn das schief geht, kannst du was erleben!"

„Glaub ich nicht! Was soll denn schief gehen?" Das klang sicherer, als Julius sich wirklich fühlte. Bislang hatte noch kein Lehrer etwas gemerkt. Es würde schon auch dieses Mal gut gehen.

„Für wie dumm haltet ihr mich eigentlich?" Frau Bungert schwenkte verärgert die drei Hefte in der Luft. Niemand sagte etwas.

„Ich habe gestern Abend eure Aufsätze korrigiert! Hat mir jemand dazu was zu sagen?"

Schweigen.

„Schweigen ist auch eine Antwort! Ich brauche ja nicht erst zu fragen, von wem ihr abgeschrieben habt. Julius, wenn du den anderen hilfst, ist das in Ordnung. Das finde ich sogar gut. Aber wenn du sie abschreiben lässt, lernen sie selber nichts und das ist nicht in Ordnung." Frau Bungert ging selbstverständlich davon aus, dass Julius das Original geschrieben hatte.

„Ich … ich hab sie nicht abschreiben lassen", stotterte Julius.

„Na, das wird ja immer schlimmer. Haben sie dich etwa gezwungen, haben sie dir dein Heft mit Gewalt weggenommen? Also, das ist doch die Höhe!“

„Es ist nicht so, wie Sie denken“, fing Stefan an.

Pit boxte ihn empört in die Seite. „Halt's Maul!“, zischte er böse.

„Was soll ich denn anderes denken, wenn ich mir eure Aufsätze ansehe? Hier ein paar Sätze umgestellt, dort ein paar Wörter ausgetauscht, aber man merkt ganz deutlich die gemeinsame Quelle.“

„Genauso ist es. Wir … na ja … so viele Bücher über Einstein gibt es nicht … Wir hatten eben die gleichen Bücher …“, versuchte Pit noch etwas zu retten.

„Ja. Du und Stefan hattet vor allem Julius' Aufsatz als gemeinsame Quelle." Frau Bungert schaute von einem zum anderen. Alle drei hatten jetzt einen roten Kopf. Pit und Stefan vor Wut, weil Julius sie hereingelegt hatte, und Julius vor Angst. Niemand würde ihm glauben, dass er das nicht mit Absicht gemacht hatte. Gerade, weil Stefan erwischt worden war. Schließlich wussten alle, wie sehr Julius unter Stefan leiden musste. Dabei war alles nur passiert, weil er so müde gewesen war.

„Auf Julius bin ich nur am Rande böse", fuhr Frau Bungert fort. „Schließlich hat er ja nur abschreiben lassen …"

„Abschreiben lassen? Da lach ich ja! Der ist nicht von der Bahnhofsmission. Bei dem gibt's nichts umsonst …", platzte Stefan heraus und hätte wohl noch mehr gesagt, wenn Pit ihn nicht erneut getreten hätte. Pit hatte schon so viele Hausaufgaben von Julius gekauft, dass er große Angst um seine anderen Noten hatte, wenn jetzt alles herauskam. Frau Bungert schaute verwirrt von einem zum anderen.

„Ich versteh kein Wort. Wieso Bahnhofsmission? Was wollt ihr mir eigentlich sagen?"

Stefan knirschte vor Wut mit den Zähnen, aber auch er schwieg jetzt.

Frau Bungert wurde immer ungeduldiger. „Ich kann euren Aufsatz natürlich nicht werten. Aber ich gebe euch eine letzte Chance. Heute nach der sechsten Stunde könnt ihr die Arbeit hier in der Schule nachschreiben. Vor allem du solltest einen wirklich guten Aufsatz schreiben, Stefan. Bei dir ist es fünf vor zwölf!"

„Und was ist mit Julius? Kriegt der denn überhaupt keine Strafe?!"

„Julius wird zu Hause einen Aufsatz schreiben zum Thema: Wie ich meinen Klassenkameraden wirklich helfen kann. Pit und Stefan, ihr meldet euch nach der sechsten Stunde im Lehrerzimmer. Eure Notizen dürft ihr mitbringen."

Pit kochte vor Wut. Wenn nicht so viele Schüler und Lehrer in den Gängen unterwegs gewesen wären, hätte er Julius sicher sofort verprügelt. Stefan war erstaunlich ruhig, was Julius noch mehr beunruhigte als die Beschimpfungen von Pit. Stefan ging mit gesenktem Kopf neben ihnen her und sagte kein Wort.

„Hey, was ist los mit dir?" Pit stieß seinen Freund an. „Warum sagst du nichts?"

„Wenn ich in diesem Aufsatz keine Drei schreibe, kriege ich eine Fünf in Deutsch und in Mathe stehe ich auch auf der Kippe. Mein Vater … wenn ich sitzen bleibe …", sagte Stefan leise. Er war ganz blass. „Und ich hab keine Ahnung von Einstein. Wir sollen unsere Notizen mitbringen? Welche denn? Ich hab mir nie welche gemacht."

„Nun mach dir mal nicht in die Hose. Seit wann machst du dir Sorgen?", lachte Pit höhnisch. „Du mit deiner großen Gärtnerei. Dann bleibst du eben sitzen. Die Ausbildung haste doch sicher! Was soll ich denn sagen? Ich hab keine Ahnung und keinen reichen Vater."

„Halt die Klappe!", schrie Stefan auf einmal und boxte Pit mit der Faust ins Gesicht. „Du hast ja keine Ahnung! Mein Vater ist pleite. So sieht's aus. Nix mit Ausbildung!" Dann rannte er den Gang herunter und verschwand auf dem Schulhof.

14. Kapitel

Pit war so verblüfft, dass er für einen Moment seinen Zorn auf Julius vergaß. Er rieb sich seine Backe und murmelte nur: „Der spinnt ja, der Typ. Was kann ich denn dafür, dass sein Vater kein Geld mehr hat? Soll er doch selber Geld verdienen. Wenigstens kann er jetzt nicht mehr Mister Großkotz spielen."

„Es tut mir leid mit den Aufsätzen. Ich wollte euch nicht reinreißen", versuchte Julius zu erklären.

„Hast du aber! Dein Mitleid kannst du dir sonst wo hinstecken. Und mein Geld will ich sofort zurückhaben!", schrie Pit ihn wütend an und streckte die Hand aus.

Hastig wühlte Julius in seinen Hosentaschen. „Hier sind acht Euro. Den Rest kriegst du gleich in der Klasse." Pit riss ihm das Geld aus der Hand.

„Du … du kannst meine Stichworte haben. Für den neuen Aufsatz", bot Julius an. „Du musst sie nur noch abschreiben, damit Frau Bungert denkt, es sind deine. Das schaffst du bis zur sechsten Stunde."

„Glaubst du, ich nehm noch was von dir? Damit du mich wieder reinlegen kannst?", schrie Pit. Ehe Julius sich ducken konnte, hatte er ihn mitten ins Gesicht geschlagen.

Julius' Nase blutete. Er lief auf die Toilette, um sich das Blut abzuwaschen. Er ließ sich viel Zeit und auch als es klingelte, kühlte er weiter seine Nase. Dann öffnete er vorsichtig die Tür und schaute hinaus. Nur leere Gänge. Kein Schüler und kein Lehrer zu sehen. Die dritte Stunde hatte begonnen.

Julius schlich sich auf den Schulhof und lief durch das Tor nach draußen. Es war ihm in diesem Moment egal, ob sein Fehlen auffallen könnte und welche Folgen das haben würde. Er dachte auch nicht an sein Skateboard und seine Schulsachen in der Klasse – und daran, was seine Mitschüler damit womöglich anstellen würden. Zu Hause suchte er seine handschriftlichen Notizen zu Einstein heraus und tippte sie in den Computer ein. Auch eine neue Gliederung für den Aufsatz fügte er hinzu. Dann druckte er das Ganze aus und lief zur Schule zurück.

Gegen Ende der sechsten Stunde kam er außer Atem an. Er wartete vor dem Lehrerzimmer auf Pit und Stefan. Aber nur Stefan kam und gleichzeitig mit ihm Frau Bungert.

„Pit ist plötzlich schlecht geworden“, erklärte sie verärgert, als sie Julius sah. „Und natürlich hat er sich nicht bei mir abgemeldet. Ich kann mir schon denken, warum. Er wird sich nicht mal eigene Notizen gemacht haben. Darum war ihm schlecht. Und was machst du noch hier, Julius?“

„Ich … ich wollte fragen, wie lang mein Aufsatz werden soll.“

„Zwei DIN-A4-Seiten erwarte ich schon. Und nun komm, Stefan. Ich habe nicht den ganzen Tag Zeit.“

Während sie ihren Schlüssel in der Tasche suchte, gelang es Julius, Stefan die Zettel mit den Stichworten zu Einstein zuzustecken. Über Stefans Gesicht, das immer noch sehr bleich war, ging ein erleichtertes Lächeln. Julius sah ihm nach, bis die Tür sich hinter ihm schloss. Eigentlich hätte er sich jetzt freuen müssen, dass es Stefan

Stefan findet toll das Julius ihm hilft

erwischt hatte. Aber es wäre ihm lieber gewesen, wenn er nicht die Schuld daran gehabt hätte.

An diesem Nachmittag fuhr Julius nicht zur Skateranlage, obwohl er mit Jessica verabredet war. Er saß an seinem Schreibtisch und wusste nicht, was er schreiben sollte. Wie ich meinen Klassenkameraden wirklich helfen kann? Er wollte ihnen doch gar nicht helfen. Und sie hätten seine Hilfe wahrscheinlich auch gar nicht angenommen. Es war einfach nur ein Geschäft, mehr nicht. Tausche Hausaufgaben gegen Geld. Ja, sicher, sie lernten nichts dabei. Aber das war ihre eigene Entscheidung.

Zudem hatte sich sein Problem wahrscheinlich von allein gelöst. Denn wer würde jetzt noch bei ihm kaufen? Pit und Stefan hatten bestimmt schon heute Vormittag erzählt, was passiert war. Er konnte von Glück sagen, wenn sie morgen nicht alle auf ihn losgingen.

Tatsächlich hatte sich sehr schnell herumgesprochen, was mit den Aufsätzen von Pit und Stefan geschehen war. So bekam Julius am nächsten Tag von allen Seiten mehr böse Bemerkungen als neue Aufträge. Zur allgemeinen Verwunderung beteiligte sich Stefan nicht an der Hetzjagd. Er tat zwar auch nichts dagegen, aber er griff Julius nicht mit einem Wort an. Pit fehlte an diesem Tag und so verging der Schulvormittag viel friedlicher als erwartet.

Zumal es ein zweites spannendes Thema in der Klasse gab: Stefans Vater war pleite. Niemand hätte darüber getuschelt, wenn Stefan nicht immer so angegeben hätte mit seinem vielen Taschengeld und den tollen Urlauben. Dass er mit 16 einen Roller haben würde und eigentlich nur in der Schule war, weil es eine Schulpflicht gab.

Stefan, der zukünftige Gärtnereibesitzer, hatte es nicht nötig, sich anzustrengen.

Wenn auch niemand es offen aussprach, so gab es doch viele in der Klasse, die es Stefan gönnten, einmal nicht der strahlende Held zu sein.

Julius' Streberladen aber war, wie befürchtet, kurz vor dem Ziel in eine ernste Geschäftskrise geraten. Auch an Stefan hatte Julius das Geld zurückgezahlt.

Seine Mutter lachte, als er ihr am Nachmittag alles erzählte. „So ist das eben mit Geschäften. Die Kunden verlangen zu Recht Qualität. Wenn du faule Äpfel verkaufst, gehen die Leute woanders hin. Aber sie werden zurückkommen. Äpfel kann man überall kaufen, aber Hausaufgaben? Da hast du das Monopol."

„Im Internet kann man auch Hausaufgaben kaufen."

„Aber die passen nicht immer. Die muss man selber noch umschreiben. Du lieferst genau das, was deine Mitschüler am nächsten Tag brauchen. Aber was deine Lehrerin gesagt hat, ist schon richtig. Sie lernen nichts dabei. Du solltest das Ganze schnell beenden."

„Sobald ich das Geld für mein Brett habe, schließe ich! Das hatte ich sowieso vor."

Als Erstes sprangen einige von Julius' besten Kunden ab.

„'ne Sechs schaff ich auch alleine", meinte Nina.

„Wenn ich den Aufsatz noch nachschreiben muss, kann ich ihn gleich alleine schreiben", sagte Sven.

Andere brauchten aber so dringend einen Ausgleich durch eine gute Note, dass sie wieder zu Julius kamen. Nicht ohne die entsprechende Drohung: „Wehe, wenn du das noch mal machst!"

Sechse schaff ich selber hörte Julius von seinen Kunden

Schon nach wenigen Tagen aber war es so, als hätte der Reinfall mit Stefan und Pit nie stattgefunden. Vor allem, als Stefan dann auch noch eine Drei in seinem Aufsatz bekam, den er mit Julius' Stichworten geschrieben hatte.

„Na, siehst du", meinte Frau Bungert. „Es geht doch. Warum nicht gleich so, Stefan?"

Stefan machte vor Freude einen Luftsprung und sagte, als Julius in der Pause an ihm vorbeiging: „Danke!" Er sagte es so leise, dass niemand außer Julius es mitbekam. Zu seiner eigenen Verwunderung freute sich Julius über diesen Dank mehr als über die fünf Euro, die er am selben Tag ebenfalls verdiente.

15. Kapitel

Kurz darauf hatte Julius das Geld für sein erstes eigenes Brett zusammen. Erleichtert schrieb er die letzten Sätze über die Entwicklungsgeschichte des Menschen für Maiks Referat.

Er schüttelte sich angewidert. Nie wieder ein Referat schreiben! Und wenn, dann nur noch für seine eigenen Noten!

Bei seinem letzten Kunden hatte er eine Ausnahme gemacht und keine Anzahlung gefordert. Wenn Maik ihm morgen früh die verabredeten acht Euro geben würde, könnte er gleich losfahren, um sich sein Brett zu kaufen. Er hatte lange überlegt, welches er nehmen sollte, und sich schließlich für eins mit einem Bild von Tony Hawk entschieden.

Der Verkäufer im Sportgeschäft, selbst ein begeisterter Skater, hatte es für ihn zurückgelegt. „Aber nur bis nächste Woche", hatte er gesagt. „Sonst krieg ich Ärger mit meinem Chef."

„Geht klar, mir fehlen nur noch ein paar Euro."

Und nun war es endlich so weit: Pünktlich um 7.30 Uhr stand Julius an der Bank vor der Schule, das Referat von Maik in der Hand. Ungeduldig wartete er. Es wurde 7.45 Uhr. Kein Maik in Sicht. Hoffentlich war er nicht krank geworden.

7.56 Uhr! Endlich! Als Maik außer Atem angerannt kam, fuhr Julius ihn wütend an: „Wo bleibst du denn? Ausgerechnet heute kommst du zu spät!"

„Ich hab noch Geld gesucht. Aber ich hab nur sieben Euro gefunden“, entschuldigte sich Maik, erschrocken über Julius’ Wutausbruch, und fragte dann vorsichtig: „Kann ich ausnahmsweise den Rest morgen bezahlen?“

„Vergiss den Euro. Ich schenk ihn dir.“

Julius steckte das Geld ein, während Maik schnell sein Referat einpackte, ehe Julius es sich noch anders überlegte. Schließlich war er dafür bekannt, dass er keine Sonderangebote machte.

„Viel Spaß heute in der Schule!“, rief Julius ihm zu und packte seine Tasche.

„Und du? Kommst du nicht?“

„Keinen Bock auf Schule. Ich hab was Besseres vor.“ Er winkte Maik fröhlich zu und ging davon.

Verblüfft sah Maik ihm nach. Julius und keinen Bock auf Schule? Wahrscheinlich war der arme Kerl krank.

Dabei hatte Julius nur beschlossen, zum ersten Mal in seinem Leben einen ganzen Tag zu schwänzen. Und er hatte nicht mal ein schlechtes Gewissen dabei. Er war ganz sicher, dass selbst seine Mutter für diese Ausnahmesituation großes Verständnis haben würde.

Er fuhr in die Stadt. Kurze Zeit später verließ er das Sportgeschäft als stolzer Besitzer eines nagelneuen Skateboards. Stundenlang fuhr er durch die Straßen, Treppen rauf, Treppen runter, Mauern hoch. Sogar an einem Geländer versuchte er sich – das Ergebnis war ein böser Sturz und eine geschwollene Lippe. Zum Glück saß sein Helm fest, sonst hätte sein erster Ausflug mit dem neuen Brett womöglich im Krankenhaus geendet. Dabei hatte Jessica ihm noch eingeschärft: „Nie übermütig werden! Das größte Unfallrisiko bei Skatern ist, dass sie ihr

Können überschätzen." Na ja, sie musste ja nicht unbedingt von diesem Sturz erfahren. Bis heute Nachmittag war seine Lippe bestimmt wieder abgeschwollen.

Gegen Mittag fuhr er zur Skateranlage, wo er sich zum ersten Mal auf die Halfpipe traute.

Zum Glück war keiner von seinen neuen Skaterfreunden da. Ganz zaghaft rollte er von einer Seite zur anderen. Nicht einmal bis zur halben Höhe hinauf traute er sich, aber es war der Beginn von etwas ganz Neuem.

Die ersten kleinen Flugversuche: ein unbeschreibliches Gefühl von Freiheit und Stolz. Er, Julius, hatte sich einen Traum erfüllt, indem er an der Faulheit seiner Mitschüler verdient hatte.

Am Nachmittag führte er sein neues Brett der Mutter und Jessica vor. Während Jessica auf dem Brett eine Proberunde drehte, meinte die Mutter stolz: „Du hast es geschafft, Julius. Gratuliere! Und dein Streberladen?"

„Den habe ich heute Morgen geschlossen. Ich brauche kein Geld mehr. Wenn ich gut bin, kann ich vielleicht sogar einen Sponsor finden."

Die Mutter lachte. „Aber deine Hausaufgaben werden weiter gemacht. Vom Skaten kann niemand leben."

„Tony Hawk schon!", sagte Julius. „Der war schon mit 16 der beste Skater der Welt. Der hat 'ne eigene Firma und lebt vom Skaten."

Die Mutter drohte ihm mit dem Finger. „Mein lieber Julius. Du bist nicht Tony Hawk! Wenn aus der Schule Klagen kommen …"

„… krieg ich bei dir nichts mehr zu essen! Ich hab's begriffen. Keine Sorge."

Am nächsten Tag in der Schule waren alle froh, ihn zu sehen. So begeistert war er noch nie begrüßt worden.

„Mensch, Julius, gut, dass du nicht krank bist!“, rief Mark erfreut, als Julius durch die Tür kam. „Das wär jetzt echt Scheiße gewesen. Ich brauch die Physikhausaufgaben. Hier sind zwei Euro. Gib mal dein Heft rüber.“

„Oh, Physik hab ich total vergessen. Sorry.“ Julius ging zu seinem Platz, ohne sich um die verwunderten Blicke seiner Mitschüler zu kümmern.

„Vergessen? Du hast die Aufgaben vergessen?“ Mark konnte es nicht fassen. Auch die anderen aus der Klasse schauten irritiert zu Julius herüber. Julius vergaß nie etwas, schon gar nicht die Hausaufgaben. Und jetzt ausgerechnet heute, wo nicht nur Mark seine Physikaufgaben vorzeigen musste. Leichte Panik breitete sich in der Klasse aus. Frau Bruse hatte angedroht einen Test schreiben zu lassen, wenn auch nur einer seine Hausaufgaben vergaß.

„Los, Julius, dann mach sie schnell noch!“, rief Bernd nervös. „Hier, nimm mein Physikbuch. Seite 25, Aufgaben 5 bis 7. Wir haben erst in der dritten Stunde Physik. Los, Leute, wer braucht die Lösungen?“ Sechs Finger gingen hoch.

Julius setzte sich auf seinen Stuhl und nahm in aller Seelenruhe seine Englischsachen heraus.

„Na, mach schon, Julius, worauf wartest du?“ Bernd fuchtelte mit seinem Physikbuch vor seiner Nase herum.

Da sagte Julius mit leiser, aber sehr deutlicher Stimme: „Ich hab heut keine Lust. Ich werd sagen, ich war gestern nicht in der Schule und konnte keine Aufgaben machen. Hatte starke Kopfschmerzen – oder sind Bauchschmerzen besser?“

Bernd sah ihn an, als wäre Julius auf einmal verrückt geworden. „Willst du uns verarschen? Was sollen wir denn der Bruse sagen? Die lässt uns glatt den Test schreiben."

„Dann mach du die Aufgaben doch. Ich hab keine Lust."

Nur das Eintreten des Lehrers verhinderte, dass Bernd Julius eins auf die Nase gab. Die anderen Schüler schauten verwirrt zu den beiden hinüber. Manfred stimmte das Lied vom Streberschwein an, brach aber nach der ersten Zeile ab, weil niemand mitsang und Bernd ihn genervt anschrie: „Halt's Maul, du Idiot! Merkst du nicht, dass der Text überhaupt nicht passt?!"

In der nächsten Pause rückte schließlich Silke ihre Aufgaben heraus, die aber nur zur Hälfte richtig waren. Frau Bruse war erbost, weil offenbar niemand in der letzten Stunde richtig aufgepasst hatte. Sie ließ den angedrohten Test schreiben. Die ganze Klasse war sauer auf Julius.

Auch mittags gab es Probleme, als die Schüler wie gewohnt auf Julius warteten, um ihm Aufgaben zu geben. Er winkte ihnen zu und fuhr einfach weiter.

Nach kurzer Verblüffung liefen sie ihm nach. „Was'n los? Hast du schon wieder Betriebsferien?"

Julius schüttelte den Kopf. Er hatte es eilig. Er war mit Jessica verabredet, die ihm heute einen weiteren Trick zeigen wollte, den er bis zum Contest unbedingt noch einüben musste.

„Keine Betriebsferien", sagte er darum nur kurz angebunden. „Betriebsschließung." Und wollte gehen. Aber da musste er feststellen, dass es viel einfacher gewesen war, sein Geschäft zu eröffnen, als es jetzt wieder zu schließen.

Bernd stellte sich ihm in den Weg und die anderen bildeten wie auf Kommando einen Kreis um ihn. Er wedelte mit dem Zettel, auf dem das Thema für sein Referat stand. „Das kannst du doch nicht machen. Ich hab mich darauf verlassen, dass ich 'ne Zwei kriege."

„Warum machst du es nicht selber?"

„Tolle Idee. Bin ich der Streber oder du?"

„Ich strebe ab jetzt nur noch für mich. Ich brauche kein Geld mehr. Warum sollte ich also weitermachen?"

„Ach, und nur weil du kein Geld mehr brauchst, lässt du uns hängen?"

„Es ist auch für euch besser. Wenn ich die Aufgaben für euch mache, lernt ihr doch nichts." Frau Bungert hätte es nicht besser sagen können, fand Julius, und musste grinsen.

„Das fällt dir aber früh ein. Warum ist das auf einmal wichtig, dass wir was lernen? Das hat dich auch nicht interessiert, als du Geld brauchtest!", schrie Bernd wütend.

Zum Glück für Julius kam in diesem Moment ein Lehrer vorbei. Julius nutzte die Gelegenheit, sprang auf sein Brett und fuhr davon, ohne sich noch einmal umzusehen. So sah er auch nicht Bernd, der ihm nachdenklich hinterherschaute und leise zu seinem Freund Manfred sagte: „Für sein blödes Brett würde der alles tun, wollen wir wetten?"

16. Kapitel

In den nächsten Stunden verschwendete Julius nicht einen Gedanken an seine Mitschüler, die nun ihre Hausaufgaben wieder allein machen mussten. Es war ihm egal, dass sie auf ihn sauer waren. Er hatte andere Freunde gefunden, Freunde, die sich mit ihm freuten, wenn er etwas Neues gelernt hatte. Freunde, vor denen er sich nicht verteidigen musste, wenn er stundenlang übte, um einen Trick perfekt zu beherrschen.

Julius war glücklich. Hier auf der Skateranlage war er nicht der Außenseiter. Hier wurde jeder neue Trick, den er nach langem Üben endlich beherrschte, beklatscht. Und er bekam sogar so manchen wertvollen Tipp, wie er höher und besser springen konnte.

Julius beschloss, noch intensiver zu üben. In sechs Wochen sollte der Contest für Nachwuchs-Skater stattfinden. Als Hauptpreis hatte eine Skateboardschule die kostenlose Teilnahme an einem Kurs spendiert, in dem man mit einem Trainer die neuesten Tricks einüben konnte. Diesen Preis wollte Julius unbedingt gewinnen.

Während seiner Mutter das alles viel zu schnell ging und sie der Meinung war, Julius sollte erst noch mehr üben, bevor er sich in einen Wettbewerb stürzte, war sein Vater begeistert. Er hatte sich zunehmend Sorgen um Julius gemacht, den er ja abends, wenn er von der Arbeit kam, nur über seine Bücher gebeugt vorfand. ‚Der arme Junge hat nur Hausaufgaben im Kopf‘, dachte er und wünschte nichts mehr, als dass Julius ein Hobby finden würde oder wenigstens neue Freunde. Durch den Kanada-

Aufenthalt und die anschließende Trennung der Familie war irgendwie alles durcheinandergeraten. Julius litt darunter schon genug.

Dass es nun ausgerechnet das Skateboard sein musste, hatte ihn anfangs wenig begeistert. Aber er hatte sich die größte Mühe gegeben, sich dafür zu interessieren. Ab und zu kam er nach der Arbeit auf der Anlage vorbei, setzte sich auf eine Bank und beobachtete Julius. Hier begegneten sich die Eltern auch zum ersten Mal seit Langem „zufällig" wieder. Julius hatte beide unabhängig voneinander gebeten, an diesem Nachmittag zu kommen.

„Fußball spielen wäre nicht ganz so halsbrecherisch", meinte die Mutter vorsichtig, nach der ersten, etwas verlegenen Begrüßung. „Begeistert bin ich nicht, dass er ausgerechnet diesen Sport betreibt."

„Fußball spielt doch jeder Junge", meinte der Vater leicht verächtlich. „Aber Skateboard fahren und dann so gekonnt in der Halfpipe, das ist etwas Besonderes. Ein bisschen verrückt sind diese Typen schon mit ihrer Skatersprache, aber die Vorliebe für verrückte Dinge hat der Junge ja wohl von seiner Mutter …"

Julius schaute erschrocken von einem zum anderen. Zu seiner Verwunderung grinste die Mutter nur und meinte: „Seit wann magst du verrückte Leute?"

Der Vater grinste zurück und gab Julius einen Klaps auf die Schulter. „Na los, jetzt zeig deiner Mutter mal den *Kickflip* oder wie das Ding heißt."

Nach diesem Nachmittag unterstützte auch die Mutter seine Wettbewerbspläne. „Ich hätte nie gedacht, dass dein Vater mal auf eine Skateboardanlage geht", sagte sie am nächsten Tag immer noch verwundert zu Julius. „Und mit den *Kicks* und *Flips* kennt der sich so gut aus, als sei er selber früher Skateboard gefahren."

„Wir schauen uns manchmal abends Videos von berühmten Skatern an", erklärte Julius. „Und im nächsten Monat will er mit mir zu den Weltmeisterschaften nach Dortmund fahren."

„Dein Vater sieht sich abends nach der Arbeit Skatervideos an", wiederholte die Mutter etwas ungläubig. „Also früher … früher, da hat er außer Nachrichten und politischen Sendungen nichts angeschaut."

Julius schwieg, aber zum ersten Mal kam ihm der Gedanke, dass er sich mit seinem Skateboard noch ganz andere Träume erfüllen könnte als einen Sieg im Contest.

17. Kapitel

Zwei Tage später fand der allwöchentliche Klassenrat statt. Eigentlich wollte Frau Bungert, die Klassenlehrerin, ihn in dieser Woche ausfallen lassen, weil es ihrer Meinung nach nichts Wichtiges zu besprechen gab, aber Bernd, der Stefan als Klassensprecher abgelöst hatte, protestierte im Namen der Klasse.

Zu Beginn der sechsten Stunde wurden die Stühle so umgestellt, wie man das aus den Gerichtsshows im Fernsehen kennt. An zwei aneinandergeschobenen Tischen saßen der Klassensprecher und die beiden extra gewählten Beisitzer. Davor stand ein Tisch für den „Angeklagten". Dahinter nahm der Rest der Klasse als Publikum Platz. Jeder durfte vorher seine Beschwerden in einen Kasten werfen, zu dem nur Frau Bungert den Schlüssel hatte. Meist ging es um Streitigkeiten, Prügeleien oder Beleidigungen untereinander. Um Mitschüler, die mal wieder beim Rauchen auf dem Klo entdeckt worden waren, oder um solche, die ihren Hofdienst nicht ernst nahmen.

Den Vorsitz hatte der Klassensprecher, der am Ende auch die vom Klassenrat verhängten Strafen verkündete. Frau Bungert mischte sich nur ein, wenn die Spielregeln missachtet wurden oder es Streit gab, den der Klassensprecher nicht schlichten konnte.

An diesem Morgen gab es nur ein Thema: Julius und seine Weigerung, den Streberladen wieder zu öffnen. Da sie bei dem Thema natürlich keinen Lehrer dabei haben wollten, hatte Bernd Frau Bungert gebeten, im Flur zu warten, weil sie etwas Wichtiges allein besprechen wollten.

Die Lehrerin verzog sich also mit einem Buch in den Flur. Vielleicht dachte sie, ihre Klasse wolle über das Geschenk zu ihrem bevorstehenden Geburtstag beraten.

Julius musste auf dem Stuhl in der Mitte der Klasse Platz nehmen.

„Weißt du, warum du hier sitzt?“, wurde er von Bernd gefragt.

Julius schüttelte den Kopf. „Nicht wirklich. Vielleicht hab ich ja jemanden zusammengeschlagen und es gar nicht bemerkt.“

Einige Schüler kicherten. Bernd warf ihnen einen wütenden Blick zu, sodass sie erschrocken die Hand vor den Mund hielten.

„So witzig ist das nicht! Seit Tagen machst du deine Hausaufgaben nicht mehr regelmäßig. Mal hast du sie, mal nicht. Niemand kann sich mehr darauf verlassen.“

„Kommt jetzt die ganze Klasse vor den Klassenrat? Seit wann habt ihr ein Problem mit nicht gemachten Hausaufgaben?“ Julius sah seine Mitschüler spöttisch an. „Dann müsste Bernd doch ständig hier sitzen. Und der macht jetzt den Vorsitz. Das ist doch lächerlich!“

„Lächerlich?“, fauchte Sven wütend. „Du findest es lächerlich, dass ich in Geschichte eine Fünf kriege? Wenn du das Referat für mich geschrieben hättest, dann wäre es bestimmt noch eine Vier geworden.“

„Ach, jetzt bin ich schuld an deiner Fünf? Das glaubst doch nur du alleine!“

Aber da täuschte sich Julius. Alle seine ehemaligen Kunden dachten so. Und die, die nicht so dachten, schwiegen oder schauten aus dem Fenster, als ginge sie das Thema nichts an.

„Ich hab nach dem letzten Diktat ganz fest damit gerechnet, dass ich meine Deutschnote noch raushaue“, schimpfte Natalie. „Aber nein, du musst ja einfach deinen Laden von heute auf morgen zumachen. Ohne Rücksicht auf andere!“

„Ich hab nie gesagt, dass der Laden für die Ewigkeit ist“, verteidigte sich Julius. „Ich brauchte Geld und ihr gute Noten. Das war ein fairer Deal. Aber jetzt brauch ich kein Geld mehr und darum hab ich meinen Laden geschlossen. So was passiert. Läden machen auf und Läden machen zu.“

„Und du kriegst gleich eins auf die Schnauze!“ Das war Pit, der die Pleite mit dem Einstein-Aufsatz immer noch nicht vergessen hatte.

„Du bist ein Egoist! Lässt uns einfach hängen!“

„Klar, selber die guten Noten schreiben, aber nichts abgeben!“

Alle schrien durcheinander. Pit sprang auf und wedelte mit seiner Faust vor Julius' Gesicht herum. Bernd hob hilflos seine Hände und versuchte Ruhe in das Chaos zu bringen. Vergeblich.

Schließlich steckte Frau Bungert ihren Kopf durch die Tür. „Wenn das nicht leiser wird, schließe ich die Versammlung. Nebenan wollen die Schüler etwas lernen."

Sofort herrschte Stille. Frau Bungert war verblüfft. So schnell hatten ihre Schüler noch nie reagiert, wenn sie um Ruhe gebeten hatte. „Na, das scheint ja ein wichtiges Thema zu sein", meinte sie kopfschüttelnd und schloss die Tür wieder.

Sobald sie weg war, fingen alle wieder an, wenn auch mit halber Lautstärke.

„Und du machst nicht mal mehr die Hausaufgaben", beschwerte sich Sven. „Heute Morgen wollte ich Mathe von dir abschreiben: Fehlanzeige. Und das Ergebnis? Eine Fünf. Bei dir sind die Lehrer nie so streng. ‚Julius, morgen reichst du mir aber deine Aufgaben nach'", äffte er Herrn Mayer nach.

„Weil er ein Streber ist!", schrie Bernd. „Bei einem Streber herrschen Sonderbedingungen. Weil ein Streber auch ein Schleimer ist."

„Ich bin ein Streber? Ich hatte meine Hausaufgaben doch nicht. Ich dachte, ein Streber macht sie immer." Julius fand diese ganze Veranstaltung wirklich lächerlich. Da hatte er einmal oder zweimal seine Aufgaben nicht, weil er so viel für den Contest übte, und schon machten sie ein Drama daraus.

„Aber du warst ein Streber", sagte Bernd. „Und wir haben uns darauf verlassen."

„Genau!“, meinte Sven. „Das haben wir. Und was war gestern in Englisch?“

„Da hatte ich meine Aufgaben.“

„Toll, was hat mir das gebracht? Da bist du zu spät gekommen.“

„Ich hatte ein Problem mit meinem Brett. Du kommst jeden zweiten Tag zu spät, schon vergessen? Niemand regt sich darüber auf.“

„Von mir will ja auch keiner abschreiben.“ Es ging Schlag auf Schlag. Zwischendurch fragte sich Julius, ob er im falschen Film gelandet war: Da saß er hier und seine Klassenkameraden machten ihm tatsächlich Vorwürfe, dass er kein Streber mehr war, dass er in den letzten Tagen genau das machte, was sie selbst das ganze Schuljahr über gemacht hatten: zu spät kommen und die Hausaufgaben vergessen.

„Ich dachte immer, ihr hasst Streber!“, fing er wieder an. Er wollte das Ganze beenden. Er hatte keine Lust mehr auf diesen Schwachsinn und wollte eigentlich nur möglichst schnell auf die Halfpipe. Sein Vater wollte kommen. Er hatte sich extra dafür freigenommen.

„Das glaub ich erst, wenn ich es sehe“, hatte seine Mutter gesagt. Sie würde auch da sein, da war Julius ganz sicher, obwohl sie es nicht erwähnt hatte.

Julius hatte jedenfalls Wichtigeres vor, als sich darüber zu streiten, ob er in den Augen der anderen noch immer ein Streber war, und, wenn ja, was er als solcher zu tun hatte. Für ihn selbst war die ganze Sache völlig klar. Natürlich war er ein Streber. Er strebte nach dem Sieg in diesem Wettbewerb und dafür übte er in jeder freien Minute.

„Also, was ist jetzt?“, fing Julius wieder an und sah Bernd direkt in die Augen. „Warum soll ich ein Streber sein, wenn ihr alle Streber hasst? Oder tut ihr das nicht mehr?“

„Na ja, also … im Prinzip … Streber mögen wir natürlich nicht wirklich … eigentlich … so im Allgemeinen“, fing Bernd an. „Aber dies hier … mit dir … mit dem Streberladen … Verflixt. Peter, mach du mal weiter.“ Bernd wischte sich den Schweiß von der Stirn. Zum ersten Mal seit seiner Wahl wünschte er sich, jemand anders wäre Klassensprecher. Stefan zum Beispiel. Der hatte doch sonst immer eine große Klappe, aber in letzter Zeit sagte er überhaupt nicht mehr viel – und schon gar nicht gegen Julius.

Aber Peter fand auch nicht die richtigen Worte: „Der Streber allgemein … Ich sag mal so … Ein Streber … Also … Scheiße! … Ich meine, es wäre besser, du würdest wieder einer. Ein Streber, meine ich. Du versaust uns allen sonst die Noten.“

„Streberschwein, ach Streberschwein“, summte Julius. „Schon vergessen? Euer Lieblingslied! Ich hab es nie besonders gemocht.“

Die anderen sahen sich leicht verlegen an.

„Ich fühle mich wohler so“, sagte Julius in die Stille hinein. Er dachte auf einmal an den Tag, als er nach Hause gekommen und seine Mutter dasselbe zu ihm gesagt hatte. Genüsslich wiederholte er ihre Worte von damals: „Ich hab gar nicht gewusst, wie toll das sein kann, wenn man den ganzen Nachmittag Zeit hat für seine Hobbys. Oder fernsehen kann. Da kommt man sonst gar nicht zu, so als Streber. Ich will kein Streber mehr sein. In der Schule, mein ich. Ich komm auch so klar. Vielleicht kann Bernd ja mal 'ne Weile der Schulstreber sein. Oder Stefan. Ich mein, das könnte ja so rumgehen. Jeder macht eine Woche den Streber. Dann ist der Stress etwas besser verteilt."

„Du bist ja krank im Kopf. Man kann doch nicht einfach für 'ne Woche ein Streber werden. Entweder man ist einer oder man ist keiner. Das liegt in den Genen. Bei mir liegt's jedenfalls nicht drin!", schrie Pit wütend.

„Und bei mir ist es wohl verloren gegangen", sagte Julius und grinste freundlich in die Runde. Es fehlte nicht viel und die ganze Klasse hätte sich auf ihn gestürzt.

Zum Glück für Julius klingelte es. Frau Bungert kam mit ihrem Buch von draußen herein. „Na, habt ihr euch friedlich einigen können bei eurem so furchtbar wichtigen Thema?", fragte sie Bernd.

Der warf Julius einen bösen Blick zu. „Manchmal kann man sich nicht friedlich einigen", sagte er. „Dann muss man zu anderen Mitteln greifen."

„Ich hoffe, du willst niemanden schlagen oder so was in der Richtung, mein lieber Bernd", meinte Frau Bungert warnend. „Konflikte löst man nicht mit Gewalt. Das gibt sonst Ärger."

„Sehe ich aus, als wollte ich jemanden schlagen?", fragte Bernd und schaute sie empört an.

„Ich warne dich ja nur vorsichtshalber." Sie beugte sich über das Klassenbuch. Die anderen Schüler verließen einer nach dem anderen die Klasse. Sie machten beim Hinausgehen einen großen Bogen um Julius, behandelten ihn wie einen Kranken.

„Der verarscht uns."

„Der ist krank. Total irre."

„Du wirst schon sehen. In ein paar Wochen haben die Lehrer vergessen, dass du ein Streber warst, und dann wirst auch du für jede nicht gemachte Hausaufgabe eine Sechs bekommen", gab Sara ihm als Rat auf den Heimweg mit.

„Risiko", sagte Julius betont cool. Dabei hatte er gar nicht vor, seine Hausaufgaben in Zukunft nicht zu machen. Die letzten Tage waren eine Ausnahme gewesen. Er hatte sein Streben nur ein wenig verlagert: auf den Sieg im Skate-Contest.

Während Julius die Tafel wischte, war er in Gedanken bereits auf der Skateranlage. Ob sein Vater kommen würde? Er hatte es versprochen.

Die meisten Mitschüler waren schon aus der Klasse gegangen, nur Bernd, Manfred, Pit und Sven räumten noch die Stühle und Tische in die alte Sitzordnung zurück.

Sie hatten sich freiwillig für diese Aufgabe gemeldet, was ungewöhnlich war, denn normalerweise gehörten sie eher zu den Drückebergern bei Aufräumarbeiten. Julius bemerkte nicht, wie sie sich Blicke zuwarfen und nur darauf warteten, dass Frau Bungert endlich den Raum verließ.

Julius hatte es eilig und so legte er den Schwamm, kaum dass Frau Bungert gegangen war, aus der Hand. Er würde morgen weiterwischen. Dann drehte er sich um und griff nach seiner Tasche und seinem Brett, das an der Wand neben seinem Tisch stand. Doch da wurde er beiseite geschubst.

Während die anderen ihn umringten, öffnete Bernd blitzschnell das Fenster und hielt Julius' Brett hinaus.

„Hey, was soll das?“

„Nervös?“, fragte Bernd und grinste breit. „Dein tolles Brett! Du hast ja sooo lange drauf gespart!“

„Lass das! Gib es mir wieder! Es war verdammt teuer!“ Julius wollte zum Fenster, aber Pit und Sven hielten ihn fest.

„Es war teuer?“, fing Bernd wieder an. „Das will ich auch hoffen. Schließlich sind das alles unsere Spendengelder. Es ist ein schönes Brett.“

„Ich brauche es für den Contest!“ Kaum waren die Worte draußen, hätte er sich am liebsten auf die Zunge gebissen. Jetzt wusste Bernd ganz genau, wie wichtig ihm das Brett war.

„Ach, du brauchst es für den Contest? Sieh mal an! Möchtest Sieger werden, du kleiner Streber. Aber uns lässt du hängen. Findest du das in Ordnung?“ Bernd schwenkte das Brett hin und her. Dann warf er es in die Luft und fing es im letzten Moment wieder auf. Julius schloss die Augen. Das Klassenzimmer lag im zweiten Stock. Von seinem Brett würde nicht mehr viel übrig bleiben, wenn es unten auf dem Schulhof aufschlug.

„Was willst du?“

„Ganz einfach! Entweder du öffnest deinen Streberladen wieder oder das Brett fällt so ganz aus Versehen aus dem Fenster. Ob es das überleben wird?“

„Es reicht schon, wenn ein Stückchen abbricht von seiner *Nose.* So nennt ihr doch den vorderen Teil. Oder vom *Tail.* Hab ich recht, Kumpel?“, fragte Pit.

Als Julius nichts sagte, setzte sich Bernd mit einem Schwung auf das Fensterbrett und schlenkerte mit den Füßen.

Julius kannte ihn nur zu gut. Er würde das Brett hinunterwerfen. Wie sollte er den Contest ohne Brett gewinnen? Ohne dieses Brett?

„Na los, was ist?“ Bernd wurde ungeduldig. „Ich hab noch was anderes vor heute! Kaputtes Brett oder mein Referat?“

Julius holte tief Luft. Hatte er eine Wahl? „Also gut, ich mach's! Aber nur bis zu den Zeugnissen.“

„Na also! Mehr wollen wir doch gar nicht. Warum nicht gleich so?“ Bernd warf Julius das Brett vor die Füße, fischte aus seiner Schultasche seine Referataufgabe und drückte sie ihm in die Hand. „Aber mach das ja ordentlich. Nicht so 'nen Pfusch wie bei Pit und Stefan.“

Dann lief er mit seinen Freunden lachend aus der Klasse.

18. Kapitel

Julius' Mutter lachte zunächst, als er ihr am Nachmittag vom Klassenrat erzählte. „Da siehst du mal, wie verrückt die Welt ist. Jetzt wollen sie sogar, dass du ein Streber bleibst. Das zeigt doch, dass deine Mitschüler gar nichts gegen das Strebersein haben, solange es für sie von Vorteil ist. Genauso wenig, wie sie es den Fußballspielern übel nehmen. Immerhin versorgen sie die Leute ja auch mit spannenden Spielen." Besorgt wurde sie allerdings, als er ihr von Bernds Erpressungsversuch erzählte.

„Das gefällt mir gar nicht! Es sind zum Glück nur noch ein paar Wochen bis zur Versetzung. In den Ferien müssen wir uns etwas einfallen lassen."

„Aber ich hab keine Zeit für die blöden Referate. Ich will den Contest gewinnen. Ich muss üben."

Die Mutter schickte ihn daraufhin erst mal auf die Anlage. „Wenn du nachher wieder hochkommst, ist mir bestimmt schon was eingefallen. Es wird auch dafür eine Lösung geben."

Beruhigt fuhr Julius zur Skateranlage, wo sein Vater ungeduldig auf ihn wartete. Wenn es eine Lösung gab, dann würde seine Mutter sie finden, da war er ganz sicher.

Und so war es auch. Zwei Stunden später empfing sie ihn schon im Flur mit den Worten: „Ich hab's. Du machst einfach das, was andere Ladenbesitzer auch tun. Wenn der Betrieb zu groß wird, stellt man Leute ein. Die musst du dann am Gewinn beteiligen, aber im Grunde brauchst du das Geld ja auch gar nicht mehr."

Zunächst verstand Julius kein Wort. Welche Leute sollte er einstellen? Und wozu?

„Du bist doch nicht der Einzige in der Klasse, der seine Aufgaben macht und gute Noten schreibt", erklärte die Mutter. „Wer ist zum Beispiel in Mathe und Physik gut?"

„Maik ist der Beste in Mathe. Silke ist gut in Physik."

„Na also, da haben wir ja schon zwei Hilfskräfte. Du fragst sie am Montag, ob sie mitmachen in deinem Streberladen. Und wenn jemand eine Matheaufgabe bestellt oder Physik, dann gibst du das weiter an deine Hilfskräfte. Die bekommen dann auch das Geld. Du machst nur weiter, damit dieser Bernd dich in Ruhe lässt. Wer seine Aufgaben macht, kann dem doch egal sein."

„Aber die Aufgaben müssen gut gemacht sein, sonst gibt es Ärger."

„Na klar, darum suchst du ja Spezialisten in den einzelnen Fächern."

Gemeinsam mit der Mutter ging Julius die Klassenliste durch.

„Am besten, wir nehmen für jedes Fach zwei Leute. Falls einer krank ist oder verhindert", meinte die Mutter. Es gab neun Fächer, also brauchten sie neun Experten. Mit Ersatzleuten waren das 18 Schüler. Silke und Maik waren gut in Mathe und Physik. Sara in Biologie, für Deutsch kamen Martin und Oliver in Frage. Englisch übernahm Julius.

Am Ende schaute Julius sich die Liste stirnrunzelnd an. „Dann habe ich ja nur noch Angestellte und keine Kunden. Oder können Angestellte auch Kunden sein?"

Die Mutter dachte nach. Dann meinte sie: „Probier es einfach aus. Du brauchst doch nicht mehr so viele Kunden. Im Grunde wird aus deinem Streberladen jetzt so eine Art Tauschbörse, in die jeder das einbringt, was er gut kann. Und nur die, die überall Probleme haben, müssen zahlen."

Überzeugt war Julius nicht, aber etwas Besseres fiel ihm auch nicht ein.

Am nächsten Schultag stellte Julius seine Idee vor. Nicht alle, die er fragte, wollten mitmachen. Aber schließlich bekam er doch für jedes Fach einen Angestellten – und für manche sogar Vertreter. Insgesamt waren es zwölf Leute.

Bernd, vor dessen Reaktion Julius sich ein wenig gefürchtet hatte, sagte nichts zu dem neuen System. Seine engsten Freunde machten nicht mit und sonst war es ihm egal, an wen er zahlte und wer seine Aufgaben machte. Hauptsache, sie wurden gemacht.

Julius traf sich jeden Tag nach der Schule mit seinen Mitarbeitern an der Bank, wo er die Aufgaben verteilte. Einmal in der Woche kamen sie bei Julius zusammen, um die längeren Aufsätze und Referate durchzusprechen. Manchmal machten sie dann dort gemeinsam ihre Hausaufgaben und blieben auch danach noch zusammen, um DVDs anzusehen.

Julius' Wohnung eignete sich gut als Treffpunkt, denn sie war groß und bis sein Vater abends nach Hause kam, hatte er sturmfreie Bude. Viel Geld verdienten sie nicht dabei, aber niemanden störte das.

So waren fast alle zufrieden und es dauerte eine ganze Weile, bis Julius auffiel, dass es einen gab, der nirgendwo dazugehörte: Stefan. Er war nicht bei denen, die Aufsätze und anderes bestellten, und natürlich auch nicht bei denen, die die Aufgaben lösten, denn das einzige Gebiet, auf dem er nach wie vor glänzen konnte, war der Sportunterricht.

Auch im Unterricht saß Stefan jetzt häufig still und blass auf seinem Platz und sagte kaum etwas. Von den anderen wurde er nur noch wenig beachtet. Vom strahlenden Mittelpunkt der Klasse war er an den Rand gerutscht. Wenn er dennoch ab und zu auffiel, dann nicht mehr durch Witze, die er über andere machte, sondern dadurch, dass er etwas nicht konnte und sich andere über ihn lustig machten. So wie in der Stunde vor der letzten Mathearbeit, als Herr Mayer ihn an die Tafel holte und er sich minutenlang vergeblich abmühte, die Aufgaben zu lösen.

„Das haben wir nun schon tausend Mal geübt", schimpfte Herr Mayer genervt. „Du bist offensichtlich nur körperlich anwesend. Es reicht nicht aus, mein Lieber, wenn man auf dem Sportplatz Punkte macht."

Mit bleichem Gesicht ging Stefan auf seinen Platz zurück, begleitet von den spöttischen Kommentaren einiger Mitschüler und den Worten des Mathelehrers: „Oh weh, Stefan. Wenn die Mathearbeit morgen nichts wird, kannst du wohl das Schuljahr noch einmal machen. Du solltest mit jemandem üben." Er wandte sich an die Klasse. „Hat denn niemand heute Nachmittag ein wenig Zeit?"

Schweigen in der Klasse. Einige sahen aus dem Fenster, andere kramten in ihrer Schultasche.

„Was ist mit dir, Maik? Du bist doch fit in Mathe."

„Zeit hab ich schon, aber nicht dafür."

Stefan schaute mit rotem Kopf auf den Boden. Es war ihm furchtbar peinlich. Der Mathelehrer gab auf. „Na, dann musst du wohl alleine sehen, wie du klarkommst", sagte er zu Stefan und rief Maik auf, damit er die Aufgabe beendete.

Julius sah, wie Nina und Monika sich angrinsten. Und sie waren nicht die Einzigen, die sich freuten, dass ausgerechnet Stefan, der bis vor Kurzem noch bestimmt hatte, wer in der Klasse wann und über wen zu lachen hatte, jetzt selbst ausgelacht wurde.

Stefan saß den Rest der Stunde da und beschäftigte sich mit dem Inhalt seiner Federmappe. Er legte sein Lineal und seinen Zirkel im rechten Winkel zu seinem Mathebuch auf den Tisch, daneben den Radiergummi und den Bleistift. Seine Hände waren die ganze Zeit in Bewegung. Er räumte hier etwas weg und legte da etwas um, als hoffte er, dadurch die Blamage leichter ertragen zu können.

„Du solltest wenigstens jetzt aufpassen, Stefan!", unterbrach Herr Mayer ihn. „Deine Stifte kannst du nachher alleine aufräumen, aber diese Aufgabe kannst du, wie wir gerade gesehen haben, nicht alleine lösen."

Alle lachten. Alle, bis auf Julius. Er lachte nie mit in solchen Situationen, weil er zu genau wusste, wie man sich als Ausgelachter fühlte. Stefans Gesicht war eine Maske. Was er dachte, konnte man nur ahnen, und das auch nur, wenn man wusste, wie es sich anfühlt, ganz allein dazustehen und alle gegen sich zu haben.

19. Kapitel

Nach der sechsten Stunde wartete Julius, bis der Klassenraum leer war. Nur Stefan hatte Tafeldienst und war noch da.

„Wenn du willst, kannst du heute Nachmittag zu mir kommen. Es gibt heute nicht viele Bestellungen. Wir könnten ein wenig Mathe üben“, sagte Julius ohne jede Einleitung.

„Ich hab kein Geld! Und das weißt du genau!“, wehrte Stefan unwirsch ab. „Also lass mich in Ruhe! Mit mir kannst du keine Geschäfte machen.“

„Nimm es als Wiedergutmachung. Schließlich hast du mit meinem Streberladen bis jetzt nicht nur gute Erfahrungen gemacht. Ich möchte, dass meine Kunden zufrieden sind.“

„Du schuldest mir nichts. Du hast mir schon deine Einstein-Stichworte gegeben.“

„Aber nur, damit du mich nicht verprügelst.“

Stefan wischte weiter die Tafel, obwohl es da längst nichts mehr zu wischen gab.

„Also, was ist? Kommst du?“

Stefan rieb die Tafel trocken. Julius nahm ein Stück Kreide und schrieb seine Adresse an die Tafel: *Gärtnerstraße 5, 2. Stock.* Dann ließ er Stefan mit seinem Schwamm allein und ging nach Hause.

Mehr konnte er nun wirklich nicht tun – und auch das war eigentlich schon zu viel. Er rechnete nicht damit, dass Stefan kommen würde. Trotzdem fragte er sich auf dem ganzen Weg nach Hause, warum ausgerechnet er,

Julius, Stefan Hilfe angeboten hatte. War es nicht Stefan gewesen, der diesen blöden Song über den Streber gedichtet hatte? Stefan, der ihn in jeder Stunde vor den anderen bloßgestellt hatte? Hatte er sich nicht immer gewünscht, dass Stefan sich auch einmal so allein fühlen würde wie er in fast jeder Stunde, seitdem er in die Klasse gekommen war? Heute war es endlich so weit gewesen. Wie Stefan dagesessen, seine Stifte sortiert und bestimmt nur den Wunsch gehabt hatte, dass der Tag endlich vorbeiging. Wenn Stefan morgen die Arbeit verhauen würde, dann wäre er ihn sogar für den Rest seiner Schulzeit los. Und was machte er, Julius? Er wollte ihm auch noch helfen, eine gute Note zu schreiben. Dann würde Stefan womöglich die Versetzung schaffen und er müsste noch zwei weitere Jahre mit ihm auskommen.

War er denn total verrückt? Wo waren Stefans Freunde auf einmal? Die, die ihm sonst zugejubelt hatten? Sollten die ihm doch helfen. Oder Maik. Der war noch besser in Mathe als er und hatte heute keine Zeit? Weil er sich mit Patrick zum Schwimmen verabredet hatte. Und er hätte heute die Zeit nutzen können um für seinen Contest zu üben. Der *Kickflip* saß noch nicht hundertprozentig. Wütend auf sich selbst schoss Julius einen Stein quer über die Straße. Dabei hatte er seine Hilfe gar nicht anbieten wollen. Sonst hätte er sich gemeldet, als der Lehrer während der Stunde gefragt hatte. Die Worte waren ihm einfach so herausgerutscht.

Als dann einige Stunden später Stefan tatsächlich vor der Tür stand, war Julius sehr verlegen. Stefan ging es aber nicht anders. Und so machten sie sich, ohne viel zu reden, gleich an die Matheaufgaben. Sie zeichneten, schwangen den Zirkel und sprachen über Dreiecke, Quadrate und Hypotenusen. Julius erklärte und rechnete vor und Stefan fragte und schrieb. Sie sprachen nicht viel und schon gar nicht über private Dinge. Und doch spürten sie beide, dass es an diesem Nachmittag auch um Ängste, Enttäuschungen und um Freundschaft ging.

Am nächsten Tag war Julius in der Mathestunde aufgeregter als sonst. Gespannt schaute er sich die Aufgaben auf dem Arbeitszettel an. So ähnliche Aufgaben hatten sie gestern geübt. Dann sah er zu Stefan hinüber. Ob er es schaffen würde?

Stefan stützte seinen Kopf auf beide Hände und las. Warum fing er nicht an? Zumindest die ersten beiden Aufgaben musste er können. Da war sich Julius ganz sicher – oder fast sicher.

„Was ist mit dir, Julius? Willst du nicht langsam anfangen? Oder bist du schon fertig?“, fragte Herr Mayer plötzlich. In diesem Moment drehte Stefan sich zu ihm herum. Er nickte mit dem Kopf. Erleichtert fing Julius an zu schreiben, obwohl er sich nicht so gut wie sonst konzentrieren konnte. Immer wieder unterbrach er seine Arbeit und beobachtete Stefan. Und jedes Mal, wenn Stefan seinen Zirkel aus der Hand legte, um seine Zeichnung grübelnd zu betrachten, wurde Julius unruhig.

Das Ergebnis war, dass Julius zum ersten Mal in diesem Schuljahr zur größten Verwunderung von Herrn Mayer nur ein „Befriedigend“ in der Mathearbeit bekam. „Ich verstehe nicht, dass du dabei so fröhlich grinsen kannst, Julius“, meinte Herr Mayer vorwurfsvoll, als er die Arbeiten zwei Tage später zurückgab. Wie sollte er das auch verstehen? Julius hatte ja kaum einen Blick auf seine Note geworfen. Ob Eins oder Zwei oder Drei, das war ihm vollkommen egal. Ihn interessierte eine ganz andere Arbeit.

Stefan hatte – ebenfalls zur größten Verwunderung von Herrn Mayer – eine Vier plus geschrieben. Damit würde er wohl die Versetzung schaffen. Und das war der Grund, warum Julius so fröhlich grinste.

„Eine Drei in der Abschlussarbeit dieses Schuljahres ist für deine Verhältnisse eine Blamage“, fuhr Herr Mayer unterdessen fort. „Julius, hörst du mir überhaupt zu? Damit hast du deine Eins im Zeugnis aufs Spiel gesetzt! Um das wiedergutzumachen, könnte ich dir noch ein Referat anbieten zum Thema …"

„Nee!", unterbrach ihn Julius und wehrte entsetzt mit den Armen ab. „Kein Referat. Ich bin schon tot, wenn ich das Wort nur höre!"

Die Klasse fing an zu lachen, aber es war ein Lachen, das nicht wehtat, ein Lachen, das ihn zum ersten Mal nicht aus-, sondern einschloss.

Zwei Wochen später wurden die Zeugnisse verteilt. Dem letzten Schultag vor den Ferien fieberte Julius in diesem Jahr besonders entgegen. Nicht so sehr wegen der Ausgabe der Zeugnisse, da würde es für ihn keine großen Überraschungen geben, sondern wegen seines ersten Contests in der Halfpipe am Nachmittag. Es war sein erster Wettbewerb und seine Eltern wollten kommen.

Morgens in der Schule begann Frau Bungert die Zeugnisverteilung mit den Worten: „Geschafft haben es alle, wenn auch einige nur sehr knapp." Dabei sah sie Stefan vorwurfsvoll an. „Bei dir war es besonders knapp. Im nächsten Schuljahr fängst du besser etwas früher mit dem Lernen an."

Stefan drehte sich zu Julius um und hob zwei Finger zum Siegeszeichen. Er hatte es geschafft, besser gesagt: Sie hatten es geschafft!

„Aber es gibt auch Erfreuliches zu berichten. Obwohl Julius ein wenig nachgelassen hat. Du hättest ruhig auch das eine oder andere Referat halten können. In dem Punkt waren deine Mitschüler wesentlich fleißiger. Noch nie wurden in einem Schuljahr so viele Referate gehalten."

Julius begegnete ihrem vorwurfsvollen Blick mit einem betont ernsten Gesicht. Gut, dass sie nicht wusste, wie viele Referate er tatsächlich geschrieben hatte. Und was den Fleiß seiner Mitschüler anbetraf, da hätte er ihr eine ganz besondere Geschichte erzählen können.

„Trotzdem", fuhr Frau Bungert fort, „dein Zeugnis ist das Beste der Klasse. Gratuliere." Julius seufzte leise. Es wäre ihm lieber gewesen, sie hätte nichts über sein Zeugnis gesagt.

„Streber!", kam es wie erwartet sofort von vorne links. Wahrscheinlich von Manfred, der mit Sicherheit zu denen gehörte, die es nur sehr knapp geschafft hatten.

„Na und?", kam es von hinten rechts. „Es gibt Schlimmeres!"

„Genau! Streben und streben lassen! Jeder so, wie er will."

Julius musste grinsen. Wer hätte das gedacht? Ein Streber war er immer noch – vielleicht sogar mehr denn je. Aber das machte ihn offensichtlich nicht mehr zu einem Außenseiter.

Vier Stunden später wirbelte er auf seinem Brett durch die Luft. Aus den Augenwinkeln sah er die Zuschauer unter sich, die den Atem anhielten. Er sah Jessica und Torben, die ihn anfeuerten. Und er sah seine kleine Schwester Maren. Daneben standen seine Eltern. Sie standen nebeneinander und schauten gemeinsam in seine Richtung – und das war mehr, als sie in der ganzen letzten Zeit zusammen getan hatten.